VORWORT

Die Sammlung "Alles wird gut!" von T&P Books ist für Menschen, die für Tourismus und Geschäftsreisen ins Ausland reisen. Die Sprachführer beinhalten, was am wichtigsten ist - die Grundlagen für eine grundlegende Kommunikation. Dies ist eine unverzichtbare Reihe von Sätzen um zu "überleben", während Sie im Ausland sind.

Dieser Sprachführer wird Ihnen in den meisten Fällen helfen, in denen Sie etwas fragen müssen, Richtungsangaben benötigen, wissen wollen wie viel etwas kostet usw. Es kann auch schwierige Kommunikationssituationen lösen, bei denen Gesten einfach nicht hilfreich sind.

Dieses Buch beinhaltet viele Sätze, die nach den wichtigsten Themen gruppiert wurden. Die Ausgabe enthält auch einen kleinen Wortschatz, der etwa 3.000 der am häufigsten verwendeten Wörter enthält. Ein weiterer Abschnitt des Sprachführers bietet ein gastronomisches Wörterbuch, das Ihnen helfen könnte, Essen in einem Restaurant zu bestellen oder Lebensmittel in einem Lebensmittelladen zu kaufen.

Nehmen Sie den "Alles wird gut" Sprachführer mit Ihnen auf die Reise und Sie werden einen unersetzlichen Begleiter haben, der Ihnen helfen wird, Ihren Weg aus jeder Situation zu finden und Ihnen beibringen wird keine Angst beim Sprechen mit Ausländern zu haben.

INHALTSVERZEICHNIS

T&P Books Publishing

Reisesprachführersammlung
"Alles wird gut!"

T&P Books Publishing

SPRACHFÜHRER

– GEORGISCH –

Andrey Taranov

Die nützlichsten Wörter und Sätze

Dieser Sprachführer
beinhaltet die häufigsten
Sätze und Fragen,
die für die grundlegende
Kommunikation mit
Ausländern benötigt wird

T&P BOOKS

Sprachführer + Wörterbuch mit 3000 Wörtern

Sprachführer Deutsch-Georgisch und thematischer Wortschatz mit 3000 Wörtern

Von Andrey Taranov

Die Sammlung "Alles wird gut!" von T&P Books ist für Menschen, die für Tourismus und Geschäftsreisen ins Ausland reisen. Die Sprachführer beinhalten, was am wichtigsten ist - die Grundlagen für eine grundlegende Kommunikation. Dies ist eine unverzichtbare Reihe von Sätzen um zu "überleben", während Sie im Ausland sind.

Dieses Buch beinhaltet auch ein kleines Vokabular mit etwa 3000, am häufigsten verwendeten Wörtern. Ein weiterer Abschnitt des Sprachführers bietet ein gastronomisches Wörterbuch, das Ihnen helfen kann, Essen in einem Restaurant zu bestellen oder Lebensmittel im Lebensmittelladen zu kaufen.

T&P Books Publishing
www.tpbooks.com

ISBN: 978-1-78616-818-4

Dieses Buch ist auch im E-Book Format erhältlich.
Besuchen Sie uns auch auf www.tpbooks.com oder auf einer der bedeutenden Buchhandlungen online.

AUSSPRACHE

Buchstabe	Georgisch Beispiel	T&P phonetisches Alphabet	Deutsch Beispiel
ა	აკადემია	[ɑ]	schwarz
ბ	ბიოლოგია	[b]	Brille
გ	გრამატიკა	[g]	gelb
დ	შუალედი	[d]	Detektiv
ე	ბედნიერი	[ɛ]	essen
ვ	ვერცხლი	[v]	November
ზ	ზარი	[z]	sein
თ	თანაკლასელი	[th]	Mädchen
ი	ივლისი	[i]	ihr, finden
კ	კამა	[k]	Kalender
ლ	ლანგარი	[l]	Juli
მ	მარჯვენა	[m]	Mitte
ნ	ნაყინი	[n]	nicht
ო	ოსტატობა	[ɔ]	dort
პ	პასპორტი	[p]	Polizei
ჟ	ჟიური	[ʒ]	Regisseur
რ	რეჟისორი	[r]	richtig
ს	სასმელი	[s]	sein
ტ	ტურისტი	[t]	still
უ	ურდული	[u]	kurz
ფ	ფაიფური	[ph]	Abhang
ქ	ქალაქი	[kh]	Flughafen
ღ	ღილაკი	[ɣ]	Vogel (Berlinerisch)
ყ	ყინული	[q]	Kobra
შ	შედეგი	[ʃ]	Chance
ჩ	ჩამჩა	[ʧh]	aspiriert [tsch]
ც	ცურვა	[tsh]	Staatshymne
ძ	ძიძა	[ʣ]	Nordsee
წ	წამწამი	[ʦ]	Gesetz
ჭ	ჭანჭიკი	[ʧ]	Matsch
ხ	ხარისხი	[ɦ]	Hypnose
ჯ	ჯიბე	[ʤ]	Kambodscha
ჰ	ჰოკიჯოხა	[h]	brauchbar

LISTE DER ABKÜRZUNGEN

Deutsch. Abkürzungen

Adj	-	Adjektiv
Adv	-	Adverb
Amtsspr.	-	Amtssprache
f	-	Femininum
f, n	-	Femininum, Neutrum
Fem.	-	Femininum
m	-	Maskulinum
m, f	-	Maskulinum, Femininum
m, n	-	Maskulinum, Neutrum
Mask.	-	Maskulinum
n	-	Neutrum
pl	-	Plural
Sg.	-	Singular
ugs.	-	umgangssprachlich
unzähl.	-	unzählbar
usw.	-	und so weiter
v mod	-	Modalverb
vi	-	intransitives Verb
vi, vt	-	intransitives, transitives Verb
vt	-	transitives Verb
zähl.	-	zählbar
z.B.	-	zum Beispiel

T&P BOOKS

GEORGISCHER SPRACHFÜHRER

Dieser Teil beinhaltet wichtige Sätze, die sich in verschiedenen realen Situationen als nützlich erweisen können.
Der Sprachführer wird Ihnen dabei helfen nach dem Weg zu fragen, einen Preis zu klären, Tickets zu kaufen und Essen in einem Restaurant zu bestellen.

T&P Books Publishing

INHALT SPRACHFÜHRER

T&P Books Publishing

Das absolute Minimum

Entschuldigen Sie bitte, …	**უკაცრავად, ...** uk'atsravad, ...
Hallo.	**გამარჯობა.** gamarjoba.
Danke.	**გმადლობთ.** gmadlobt.
Auf Wiedersehen.	**ნახვამდის.** nakhvamdis.
Ja.	**დიახ.** diakh.
Nein.	**არა.** ara.
Ich weiß nicht.	**არ ვიცი.** ar vitsi.
Wo? | Wohin? | Wann?	**სად?| საით?| როდის?** sad?| sait?| rodis?

Ich brauche …	**მე მჭირდება...** me mch'irdeba...
Ich möchte …	**მე მინდა ...** me minda ...
Haben Sie …?	**თქვენ გაქვთ ...?** tkven gakvt ...?
Gibt es hier …?	**აქ არის ... ?** ak aris ... ?
Kann ich …?	**შემიძლია... ?** shemidzlia... ?
Bitte (anfragen)	**თუ შეიძლება** tu sheidzleba

Ich suche …	**მე ვეძებ ...** me vedzeb ...
die Toilette	**ტუალეტს** t'ualet's
den Geldautomat	**ბანკომატს** bank'omat's
die Apotheke	**აფთიაქს** aptiaks
das Krankenhaus	**საავადმყოფოს** saavadmqopos
die Polizeistation	**პოლიციის განყოფილებას** p'olitsiis ganqopilebas
die U-Bahn	**მეტროს** met'ros

das Taxi	ტაქსს t'akss
den Bahnhof	რკინიგზის სადგურს rk'inigzis sadgurs

Ich heiße …	მე მქვია … me mkvia …
Wie heißen Sie?	რა გქვიათ? ra gkviat?
Helfen Sie mir bitte.	დამეხმარეთ, თუ შეიძლება. damekhmaret, tu sheidzleba.
Ich habe ein Problem.	პრობლემა მაქვს. p'roblema makvs.
Mir ist schlecht.	ცუდად ვარ. tsudad var.
Rufen Sie einen Krankenwagen!	გამოიძახეთ სასწრაფო! gamoidzakhet sasts'rapo!
Darf ich telefonieren?	შემიძლია დავრეკო? shemidzlia davrek'o?

Entschuldigung.	ბოდიშს გიხდით bodishs gikhdit
Keine Ursache.	არაფერს arapers

ich	მე me
du	შენ shen
er	ის is
sie	ის is
sie (Pl, Mask.)	ისინი isini
sie (Pl, Fem.)	ისინი isini
wir	ჩვენ chven
ihr	თქვენ tkven
Sie	თქვენ tkven

EINGANG	შესასვლელი shesasvleli
AUSGANG	გასასვლელი gasasvleli
AUßER BETRIEB	არ მუშაობს ar mushaobs
GESCHLOSSEN	დაკეტილია dak'et'ilia

OFFEN

ღიაა
ghiaa

FÜR DAMEN

ქალებისთვის
kalebistvis

FÜR HERREN

მამაკაცებისთვის
mamak'atsebistvis

Fragen

Wo?	სად? sad?
Wohin?	საით? sait?
Woher?	საიდან? saidan?
Warum?	რატომ? rat'om?
Wozu?	რისთვის? ristvis?
Wann?	როდის? rodis?

Wie lange?	რამდენ ხანს? ramden khans?
Um wie viel Uhr?	რომელ საათზე? romel saatze?
Wie viel?	რა ღირს? ra ghirs?
Haben Sie ...?	თქვენ გაქვთ ...? tkven gakvt ...?
Wo befindet sich ...?	სად არის ...? sad aris ...?

Wie spät ist es?	რომელი საათია? romeli saatia?
Darf ich telefonieren?	შემიძლია დავრეკო? shemidzlia davrek'o?
Wer ist da?	ვინ არის? vin aris?
Darf ich hier rauchen?	შემიძლია აქ მოვწიო? shemidzlia ak movts'io?
Darf ich ...?	შემიძლია ...? shemidzlia ...?

Bedürfnisse

Ich hätte gerne …	მე მინდა … me minda …
Ich will nicht …	მე არ მინდა … me ar minda …
Ich habe Durst.	მწყურია. mts'quria.
Ich möchte schlafen.	მეძინება. medzineba.

Ich möchte …	მე მინდა … me minda …
abwaschen	ხელ-პირის დაბანა khel-p'iris dabana
mir die Zähne putzen	კბილების გაწმენდა k'bilebis gats'menda
eine Weile ausruhen	ცოტა დასვენება tsot'a dasveneba
meine Kleidung wechseln	ტანისამოსის გამოცვლა t'anisamosis gamotsvla

zurück ins Hotel gehen	დავბრუნდე სასტუმროში davbrunde sast'umroshi
kaufen …	ვიყიდო … viqido …
gehen …	გავემგზავრო … gavemgzavro …
besuchen …	ვეწვიო … vets'vio …
treffen …	შევხვდე … shevkhvde …
einen Anruf tätigen	დავრეკო davrek'o

Ich bin müde.	მე დავიღალე. me davighale.
Wir sind müde.	ჩვენ დავიღალეთ. chven davighalet.
Mir ist kalt.	მე მცივა. me mtsiva.
Mir ist heiß.	მე მცხელა. me mtskhela.
Mir passt es.	მე ნორმალურად ვარ. me normalurad var.

Ich muss telefonieren.	მე უნდა დავრეკო. me unda davrek'o.
Ich muss auf die Toilette.	მე მინდა ტუალეტში. me minda t'ualet'shi.
Ich muss gehen.	წასვლის დროა. ts'asvlis droa.
Ich muss jetzt gehen.	მე უნდა წავიდე. me unda ts'avide.

Wie man nach dem Weg fragt

Entschuldigen Sie bitte, …	უკაცრავად, … uk'atsravad, …
Wo befindet sich …?	სად არის …? sad aris …?
Welcher Weg ist …?	რომელი მიმართულებითაა …? romeli mimartulebitaa …?
Könnten Sie mir bitte helfen?	დამეხმარეთ, თუ შეიძლება. damekhmaret, tu sheidzleba.

Ich suche …	მე ვეძებ … me vedzeb …
Ich suche den Ausgang.	მე ვეძებ გასასვლელს. me vedzeb gasasvlels.
Ich fahre nach …	მე მივემგზავრები …-ში me mivemgzavrebi …-shi
Gehe ich richtig nach …?	სწორად მივდივარ …? sts'orad mivdivar …?

Ist es weit?	ეს შორსაა? es shorsaa?
Kann ich dort zu Fuß hingehen?	მე მივალ იქამდე ფეხით? me mival ikamde pekhit?
Können Sie es mir auf der Karte zeigen?	რუკაზე მაჩვენეთ, თუ შეიძლება. ruk'aze machvenet, tu sheidzleba.
Zeigen Sie mir wo wir gerade sind.	მაჩვენეთ, სად ვართ ახლა. machvenet, sad vart akhla.

Hier	აქ ak
Dort	იქ ik
Hierher	აქეთ aket

Biegen Sie rechts ab.	მოუხვიეთ მარჯვნივ. moukhviet marjvniv.
Biegen Sie links ab.	მოუხვიეთ მარცხნივ. moukhviet martskhniv.
erste (zweite, dritte) Abzweigung	პირველი (მეორე, მესამე) მოსახვევი p'irveli (meore, mesame) mosakhvevi
nach rechts	მარჯვნივ marjvniv

nach links   მარცხნივ
                       martskhniv

Laufen Sie geradeaus.   იარეთ პირდაპირ.
                       iaret p'irdap'ir.

Schilder

HERZLICH WILLKOMMEN!	კეთილი იყოს თქვენი მობრძანება!
	k'etili iqos tkveni mobrdzaneba!
EINGANG	შესასვლელი
	shesasvleli
AUSGANG	გასასვლელი
	gasasvleli

DRÜCKEN	თქვენგან
	tkvengan
ZIEHEN	თქვენკენ
	tkvenk'en
OFFEN	ღიაა
	ghiaa
GESCHLOSSEN	დაკეტილია
	dak'et'ilia

FÜR DAMEN	ქალებისთვის
	kalebistvis
FÜR HERREN	მამაკაცებისთვის
	mamak'atsebistvis
HERREN-WC	მამაკაცების ტუალეტი
	mamak'atsebis t'ualet'i
DAMEN-WC	ქალების ტუალეტი
	kalebis t'ualet'i

RABATT	REDUZIERT	ფასდაკლება
	pasdak'leba
AUSVERKAUF	გაყიდვა ფასდაკლებით
	gaqidva pasdak'lebit
GRATIS	უფასოდ
	upasod
NEU!	სიახლე!
	siakhle!
ACHTUNG!	ყურადღება!
	quradgheba!

KEINE ZIMMER FREI	ადგილები არ არის
	adgilebi ar aris
RESERVIERT	დაჯავშნილია
	dajavshnilia
VERWALTUNG	ადმინისტრაცია
	administ'ratsia
NUR FÜR PERSONAL	მხოლოდ პერსონალისთვის
	mkholod p'ersonalistvis

BISSIGER HUND	ავი ძაღლი
	avi dzaghli
RAUCHEN VERBOTEN!	ნუ მოსწევთ!
	nu mosts'evt!
NICHT ANFASSEN!	არ შეეხოთ!
	ar sheekhot!
GEFÄHRLICH	საშიშია
	sashishia
GEFAHR	საფრთხე
	saprtkhe
HOCHSPANNUNG	მაღალი ძაბვა
	maghali dzabva
BADEN VERBOTEN	ბანაობა აკრძალულია
	banaoba ak'rdzalulia

AUßER BETRIEB	არ მუშაობს
	ar mushaobs
LEICHTENTZÜNDLICH	ცეცხლსაშიშია
	tsetskhlsashishia
VERBOTEN	აკრძალულია
	ak'rdzalulia
DURCHGANG VERBOTEN	გავლა აკრძალულია
	gavla ak'rdzalulia
FRISCH GESTRICHEN	შეღებილია
	sheghebilia

WEGEN RENOVIERUNG GESCHLOSSEN	დაკეტილია სარემონტოდ
	dak'et'ilia saremont'od
ACHTUNG BAUARBEITEN	სარემონტო სამუშაოები
	saremont'o samushaoebi
UMLEITUNG	შემოვლითი გზა
	shemovliti gza

Transport - Allgemeine Phrasen

Flugzeug	თვითმფრინავი tvitmprinavi
Zug	მატარებელი mat'arebeli
Bus	ავტობუსი avt'obusi
Fähre	ბორანი borani
Taxi	ტაქსი t'aksi
Auto	მანქანა mankana

Zeitplan	განრიგი ganrigi
Wo kann ich den Zeitplan sehen?	სად შეიძლება განრიგის ნახვა? sad sheidzleba ganrigis nakhva?
Arbeitstage	სამუშაო დღეები samushao dgheebi
Wochenenden	დასვენების დღეები dasvenebis dgheebi
Ferien	სადღესასწაულო დღეები sadghesasts'aulo dgheebi

ABFLUG	გამგზავრება gamgzavreba
ANKUNFT	ჩამოსვლა chamosvla
VERSPÄTET	იგვიანებს igvianebs
GESTRICHEN	გაუქმებულია gaukmebulia

nächste (Zug, usw.)	შემდეგი shemdegi
erste	პირველი p'irveli
letzte	ბოლო bolo

Wann kommt der Nächste ...?	როდის იქნება შემდეგი ...? rodis ikneba shemdegi ...?
Wann kommt der Erste ...?	როდის გადის პირველი ...? rodis gadis p'irveli ...?

Wann kommt der Letzte ...?

როდის გადის ბოლო ...?
rodis gadis bolo ...?

Transfer

გადაჯდომა
gadajdoma

einen Transfer machen

გადაჯდომის გაკეთება
gadajdomis gak'eteba

Muss ich einen Transfer machen?

გადაჯდომა მომიწევს?
gadajdoma momits'evs?

Eine Fahrkarte kaufen

Wo kann ich Fahrkarten kaufen?	სად შემიძლია ვიყიდო ბილეთები? sad shemidzlia viqido biletebi?
Fahrkarte	ბილეთი bileti
Eine Fahrkarte kaufen	ბილეთის ყიდვა biletis qidva
Fahrkartenpreis	ბილეთის ღირებულება biletis ghirebuleba

Wohin?	სად? sad?
Welche Station?	რომელ სადგურამდე? romel sadguramde?
Ich brauche …	მე მჭირდება … me mch'irdeba …
eine Fahrkarte	ერთი ბილეთი erti bileti
zwei Fahrkarten	ორი ბილეთი ori bileti
drei Fahrkarten	სამი ბილეთი sami bileti

in eine Richtung	ერთი მიმართულებით erti mimartulebit
hin und zurück	იქით და უკან ikit da uk'an
erste Klasse	პირველი კლასი p'irveli k'lasi
zweite Klasse	მეორე კლასი meore k'lasi

heute	დღეს dghes
morgen	ხვალ khval
übermorgen	ზეგ zeg
am Vormittag	დილით dilit
am Nachmittag	დღისით dghisit
am Abend	საღამოს saghamos

Gangplatz	ადგილი გასასვლელთან adgili gasasvleltan
Fensterplatz	ადგილი ფანჯარასთან adgili panjarastan
Wie viel?	რამდენი? ramdeni?
Kann ich mit Karte zahlen?	შემიძლია ბარათით გადავიხადო? shemidzlia baratit gadavikhado?

Bus

Bus	ავტობუსი
	avt'obusi
Fernbus	საქალაქთაშორისო ავტობუსი
	sakalaktashoriso avt'obusi
Bushaltestelle	ავტობუსის გაჩერება
	avt'obusis gachereba
Wo ist die nächste Bushaltestelle?	სად არის უახლოესი ავტობუსის გაჩერება?
	sad aris uakhloesi avt'obusis gachereba?

Nummer	ნომერი
	nomeri
Welchen Bus nehme ich um nach ... zu kommen?	რომელი ავტობუსი მიდის ...-მდე?
	romeli avt'obusi midis ...-mde?
Fährt dieser Bus nach ...?	ეს ავტობუსი მიდის ...-მდე?
	es avt'obusi midis ...-mde?
Wie oft fahren die Busse?	რამდენად ხშირად დადიან ავტობუსები?
	ramdenad khshirad dadian avt'obusebi?

alle fünfzehn Minuten	ყოველ თხუთმეტ წუთში
	qovel tkhutmet' ts'utshi
jede halbe Stunde	ყოველ ნახევარ საათში
	qovel nakhevar saatshi
jede Stunde	ყოველ საათში
	qovel saatshi
mehrmals täglich	დღეში რამდენჯერმე
	dgheshi ramdenjerme
... Mal am Tag	...-ჯერ დღეში
	...-jer dgheshi

Zeitplan	განრიგი
	ganrigi
Wo kann ich den Zeitplan sehen?	სად შეიძლება განრიგის ნახვა?
	sad sheidzleba ganrigis nakhva?
Wann kommt der nächste Bus?	როდის იქნება შემდეგი ავტობუსი?
	rodis ikneba shemdegi avt'obusi?
Wann kommt der erste Bus?	როდის გადის პირველი ავტობუსი?
	rodis gadis p'irveli avt'obusi?
Wann kommt der letzte Bus?	როდის გადის ბოლო ავტობუსი?
	rodis gadis bolo avt'obusi?

Halt

გაჩერება
gachereba

Nächster Halt

შემდეგი გაჩერება
shemdegi gachereba

Letzter Halt

ბოლო გაჩერება
bolo gachereba

Halten Sie hier bitte an.

აქ გააჩერეთ, თუ შეიძლება.
ak gaacheret, tu sheidzleba.

Entschuldigen Sie mich,
dies ist meine Haltestelle.

უკაცრავად, ეს ჩემი გაჩერებაა.
uk'atsravad, es chemi gacherebaa.

Zug

Zug	მატარებელი mat'arebeli
S-Bahn	საგარეუბნო მატარებელი sagareubno mat'arebeli
Fernzug	შორი მიმოსვლის მატარებელი shori mimosvlis mat'arebeli
Bahnhof	რკინიგზის სადგური rk'inigzis sadguri
Entschuldigen Sie bitte, wo ist der Ausgang zum Bahngleis?	უკაცრავად, სად არის მატარებლებთან გასასვლელი? uk'atsravad, sad aris mat'areblebtan gasasvleli?

Fährt dieser Zug nach …?	ეს მატარებელი მიდის …-მდე? es mat'arebeli midis …-mde?
nächste Zug	შემდეგი მატარებელი shemdegi mat'arebeli
Wann kommt der nächste Zug?	როდის იქნება შემდეგი მატარებელი? rodis ikneba shemdegi mat'arebeli?
Wo kann ich den Zeitplan sehen?	სად შეიძლება განრიგის ნახვა? sad sheidzleba ganrigis nakhva?
Von welchem Bahngleis?	რომელი ბაქნიდან? romeli baknidan?
Wann kommt der Zug in … an?	როდის ჩადის მატარებელი …-ში? rodis chadis mat'arebeli …-shi?

Helfen Sie mir bitte.	დამეხმარეთ, თუ შეიძლება. damekhmaret, tu sheidzleba.
Ich suche meinen Platz.	მე ვეძებ ჩემს ადგილს. me vedzeb chems adgils.
Wir suchen unsere Plätze.	ჩვენ ვეძებთ ჩვენს ადგილებს. chven vedzebt chvens adgilebs.
Unser Platz ist besetzt.	ჩემი ადგილი დაკავებულია. chemi adgili dak'avebulia.
Unsere Plätze sind besetzt.	ჩვენი ადგილები დაკავებულია. chveni adgilebi dak'avebulia.

Entschuldigen Sie, aber das ist mein Platz.	უკაცრავად, მაგრამ ეს ჩემი ადგილია. uk'atsravad, magram es chemi adgilia.
Ist der Platz frei?	ეს ადგილი თავისუფალია? es adgili tavisupalia?
Darf ich mich hier setzen?	შემიძლია აქ დავჯდე? shemidzlia ak davjde?

Im Zug - Dialog (Keine Fahrkarte)

Fahrkarte bitte.	თქვენი ბილეთი, თუ შეიძლება. tkveni bileti, tu sheidzleba.
Ich habe keine Fahrkarte.	მე არა მაქვს ბილეთი. me ara makvs bileti.
Ich habe meine Fahrkarte verloren.	მე დავკარგე ჩემი ბილეთი. me davk'arge chemi bileti.
Ich habe meine Fahrkarte zuhause vergessen.	მე ბილეთი სახლში დამრჩა. me bileti sakhlshi damrcha.
Sie können von mir eine Fahrkarte kaufen.	თქვენ შეგიძლიათ იყიდოთ ბილეთი ჩემგან. tkven shegidzliat iqidot bileti chemgan.
Sie werden auch eine Strafe zahlen.	თქვენ კიდევ მოგიწევთ ჯარიმის გადახდა. tkven k'idev mogits'evt jarimis gadakhda.
Gut.	კარგი. k'argi.
Wohin fahren Sie?	სად მიემგზავრებით? sad miemgzavrebit?
Ich fahre nach ...	მე მივდივარ ...-მდე me mivdivar ...-mde
Wie viel? Ich verstehe nicht.	რამდენი? არ მესმის. ramdeni? ar mesmis.
Schreiben Sie es bitte auf.	დამიწერეთ, თუ შეიძლება. damits'eret, tu sheidzleba.
Gut. Kann ich mit Karte zahlen?	კარგი. შემიძლია ბარათით გადავიხადო? k'argi. shemidzlia baratit gadavikhado?
Ja, das können Sie.	დიახ, შეგიძლიათ. diakh, shegidzliat.
Hier ist ihre Quittung.	აი თქვენი ქვითარი. ai tkveni kvitari.
Tut mir leid wegen der Strafe.	ვწუხვარ ჯარიმაზე. vts'ukhvar jarimaze.
Das ist in Ordnung. Es ist meine Schuld.	არა უშავს. ეს ჩემი ბრალია. ara ushavs. es chemi bralia.
Genießen Sie Ihre Fahrt.	სასიამოვნო მგზავრობას გისურვებთ. sasiamovno mgzavrobas gisurvebt.

Taxi

Taxi	ტაქსი t'aksi
Taxifahrer	ტაქსისტი t'aksist'i
Ein Taxi nehmen	ტაქსის დაჭერა t'aksis dach'era
Taxistand	ტაქსის გაჩერება t'aksis gachereba
Wo kann ich ein Taxi bekommen?	სად შემიძლია ტაქსის გაჩერება? sad shemidzlia t'aksis gachereba?
Ein Taxi rufen	ტაქსის გამოძახება t'aksis gamodzakheba
Ich brauche ein Taxi.	მე მჭირდება ტაქსი. me mch'irdeba t'aksi.
Jetzt sofort.	პირდაპირ ახლა. p'irdap'ir akhla.
Wie ist Ihre Adresse? (Standort)	თქვენი მისამართი? tkveni misamarti?
Meine Adresse ist ...	ჩემი მიასამართია ... chemi miasamartia ...
Ihr Ziel?	სად უნდა გაემგზავროთ? sad unda gaemgzavrot?

Entschuldigen Sie bitte, ...	უკაცრავად, ... uk'atsravad, ...
Sind Sie frei?	თქვენ თავისუფალი ხართ? tkven tavisupali khart?
Was kostet die Fahrt nach ...?	რა ღირს წასვლა ...-მდე? ra ghirs ts'asvla ...-mde?
Wissen Sie wo es ist?	თქვენ იცით, სად არის ეს? tkven itsit, sad aris es?

Flughafen, bitte.	აეროპორტში, თუ შეიძლება. aerop'ort'shi, tu sheidzleba.
Halten Sie hier bitte an.	აქ გააჩერეთ, თუ შეიძლება. ak gaacheret, tu sheidzleba.
Das ist nicht hier.	ეს აქ არ არის. es ak ar aris.
Das ist die falsche Adresse.	ეს არასწორი მისამართია. es arasts'ori misamartia.
nach links	ახლა მარცხნივ. akhla martskhniv.
nach rechts	ახლა მარჯვნივ. akhla marjvniv.

Was schulde ich Ihnen?	რამდენი უნდა გადაგიხადოთ? ramdeni unda gadagikhadot?
Ich würde gerne ein Quittung haben, bitte.	ჩეკი მომეცით, თუ შეიძლება. chek'i mometsit, tu sheidzleba.
Stimmt so.	ხურდა არ მინდა. khurda ar minda.

Warten Sie auf mich bitte	დამელოდეთ, თუ შეიძლება. damelodet, tu sheidzleba.
fünf Minuten	ხუთი წუთი khuti ts'uti
zehn Minuten	ათი წუთი ati ts'uti
fünfzehn Minuten	თხუთმეტი წუთი tkhutmet'i ts'uti
zwanzig Minuten	ოცი წუთი otsi ts'uti
eine halbe Stunde	ნახევარი საათი nakhevari saati

Hotel

Guten Tag.	გამარჯობა. gamarjoba.
Mein Name ist …	მე მქვია … me mkvia …
Ich habe eine Reservierung.	მე დავჯავშნე ნომერი. me davjavshne nomeri.

Ich brauche …	მე მჭირდება … me mch'irdeba …
ein Einzelzimmer	ერთადგილიანი ნომერი ertadgiliani nomeri
ein Doppelzimmer	ორადგილიანი ნომერი oradgiliani nomeri
Wie viel kostet das?	რა ღირს? ra ghirs?
Das ist ein bisschen teuer.	ეს ცოტა ძვირია. es tsot'a dzviria.

Haben Sie sonst noch etwas?	გაქვთ კიდევ რამე? gakvt k'idev rame?
Ich nehme es.	მე ავიღებ ამას. me avigheb amas.
Ich zahle bar.	მე ნაღდით გადავიხდი. me naghdit gadavikhdi.

Ich habe ein Problem.	პრობლემა მაქვს. p'roblema makvs.
Mein … ist kaputt.	ჩემთან გაფუჭებულია … chemtan gapuch'ebulia …
Mein … ist außer Betrieb.	ჩემთან არ მუშაობს … chemtan ar mushaobs …
Fernseher	ტელევიზორი t'elevizori
Klimaanlage	კონდიციონერი k'onditsioneri
Wasserhahn	ონკანი onk'ani

Dusche	შხაპი shkhap'i
Waschbecken	ნიჟარა nizhara
Safe	სეიფი seipi

Türschloss	საკეტი sak'et'i
Steckdose	როზეტი rozet'i
Föhn	ფენი peni
Ich habe kein …	მე არა მაქვს … me ara makvs …
Wasser	წყალი ts'qali
Licht	სინათლე sinatle
Strom	დენი deni

Können Sie mir … geben?	შეგიძლიათ მომცეთ …? shegidzliat momtset …?
ein Handtuch	პირსახოცი p'irsakhotsi
eine Decke	საბანი sabani
Hausschuhe	ჩუსტები, ფლოსტები, ქოშები chust'ebi, plost'ebi, koshebi
einen Bademantel	ხალათი khalati
etwas Shampoo	შამპუნი shamp'uni
etwas Seife	საპონი sap'oni

Ich möchte ein anderes Zimmer haben.	მე მინდა გამოვცვალო ნომერი. me minda gamovtsvalo nomeri.
Ich kann meinen Schlüssel nicht finden.	ვერ ვპოულობ ჩემს გასაღებს. ver vp'oulob chems gasaghebs.
Machen Sie bitte meine Tür auf	გამიღეთ ჩემი ნომერი, თუ შეიძლება. gamighet chemi nomeri, tu sheidzleba.
Wer ist da?	ვინ არის? vin aris?
Kommen Sie rein!	მობრძანდით! mobrdzandit!
Einen Moment bitte!	ერთი წუთით! erti ts'utit!
Nicht jetzt bitte.	თუ შეიძლება, ახლა არა. tu sheidzleba, akhla ara.
Kommen Sie bitte in mein Zimmer.	შემობრძანდით ჩემთან, თუ შეიძლება. shemobrdzandit chemtan, tu sheidzleba.
Ich würde gerne Essen bestellen.	მე მინდა შევუკვეთო საჭმელი ნომერში. me minda shevuk'veto sach'meli nomershi.

Meine Zimmernummer ist …	ჩემი ოთახის ნომერია … chemi otakhis nomeria …
Ich reise … ab.	მე მივემგზავრები … me mivemgzavrebi …
Wir reisen … ab.	ჩვენ მივემგზავრებით … chven mivemgzavrebit …
jetzt	ახლა akhla
diesen Nachmittag	დღეს სადილის შემდეგ dghes sadilis shemdeg
heute Abend	დღეს საღამოს dghes saghamos
morgen	ხვალ khval
morgen früh	ხვალ დილით khval dilit
morgen Abend	ხვალ საღამოს khval saghamos
übermorgen	ზეგ zeg

Ich möchte die Zimmerrechnung begleichen.	მე მინდა გავასწორო ანგარიში. me minda gavasts'oro angarishi.
Alles war wunderbar.	ყველაფერი შესანიშნავი იყო. qvelaperi shesanishnavi iqo.
Wo kann ich ein Taxi bekommen?	სად შემიძლია ტაქსის გაჩერება? sad shemidzlia t'aksis gachereba?
Würden Sie bitte ein Taxi für mich holen?	გამომიძახეთ ტაქსი, თუ შეიძლება. gamomidzakhet t'aksi, tu sheidzleba.

Restaurant

Könnte ich die Speisekarte sehen bitte?	შემიძლია ვნახო თქვენი მენიუ? shemidzlia vnakho tkveni meniu?
Tisch für einen.	მაგიდა ერთი კაცისთვის. magida erti k'atsistvis.
Wir sind zu zweit (dritt, viert).	ჩვენ ორნი (სამნი, ოთხნი) ვართ. chven orni (samni, otkhni) vart.

Raucher	მწეველებისთვის mts'evelebistvis
Nichtraucher	არამწეველებისთვის aramts'evelebistvis
Entschuldigen Sie mich! (Einen Kellner ansprechen)	თუ შეიძლება! tu sheidzleba!
Speisekarte	მენიუ meniu
Weinkarte	ღვინის ბარათი ghvinis barati
Die Speisekarte bitte.	მენიუ, თუ შეიძლება. meniu, tu sheidzleba.

Sind Sie bereit zum bestellen?	თქვენ მზად ხართ შეკვეთის გასაკეთებლად? tkven mzad khart shek'vetis gasak'eteblad?
Was würden Sie gerne haben?	რას შეუკვეთავთ? ras sheuk'vetavt?
Ich möchte …	მე მინდა … me minda …

Ich bin Vegetarier.	მე ვეგეტარიანელი ვარ. me veget'arianeli var.
Fleisch	ხორცი khortsi
Fisch	თევზი tevzi
Gemüse	ბოსტნეული bost'neuli
Haben Sie vegetarisches Essen?	თქვენ გაქვთ ვეგეტარიანული კერძები? tkven gakvt veget'arianuli k'erdzebi?
Ich esse kein Schweinefleisch.	მე არ ვჭამ ღორის ხორცს. me ar vch'am ghoris khortss.
Er /Sie/ isst kein Fleisch.	ის არ ჭამს ხორცს. is ar ch'ams khortss.

Ich bin allergisch auf …	მე ალერგია მაქვს …-ზე
	me alergia makvs …-ze
Könnten Sie mir bitte … Bringen.	მომიტანეთ, თუ შეიძლება, …
	momit'anet, tu sheidzleba, …
Salz | Pfeffer | Zucker	მარილი | პილპილი | შაქარი
	marili | p'ilp'ili | shakari
Kaffee | Tee | Nachtisch	ყავა | ჩაი | დესერტი
	qava | chai | desert'i
Wasser | Sprudel | stilles	წყალი | გაზიანი | უგაზო
	ts'qali | gaziani | ugazo
einen Löffel | eine Gabel | ein Messer	კოვზი | ჩანგალი | დანა
	k'ovzi | changali | dana
einen Teller | eine Serviette	თეფში | ხელსახოცი
	tepshi | khelsakhotsi

Guten Appetit!	გემრიელად მიირთვით!
	gemrielad miirtvit!
Noch einen bitte.	კიდევ მომიტანეთ, თუ შეიძლება.
	k'idev momit'anet, tu sheidzleba.
Es war sehr lecker.	ძალიან გემრიელი იყო.
	dzalian gemrieli iqo.

Scheck | Wechselgeld | Trinkgeld	ანგარიში | ხურდა | ჩაის ფული
	angarishi | khurda | chais puli
Zahlen bitte.	ანგარიში, თუ შეიძლება.
	angarishi, tu sheidzleba.
Kann ich mit Karte zahlen?	შემიძლია ბარათით გადავიხადო?
	shemidzlia baratit gadavikhado?
Entschuldigen Sie, hier ist ein Fehler.	უკაცრავად, აქ შეცდომაა.
	uk'atsravad, ak shetsdomaa.

Einkaufen

Kann ich Ihnen behilflich sein?

შემიძლია დაგეხმაროთ?
shemidzlia dagekhmarot?

Haben Sie ...?

თქვენ გაქვთ ...?
tkven gakvt ...?

Ich suche ...

მე ვეძებ ...
me vedzeb ...

Ich brauche ...

მე მჭირდება ...
me mch'irdeba ...

Ich möchte nur schauen.

მე უბრალოდ ვათვალიერებ.
me ubralod vatvaliereb.

Wir möchten nur schauen.

ჩვენ უბრალოდ ვათვალიერებთ.
chven ubralod vatvalierebt.

Ich komme später noch einmal zurück.

მე მოგვიანებით მოვალ.
me mogvianebit moval.

Wir kommen später vorbei.

ჩვენ მოგვიანებით მოვალთ.
chven mogvianebit movalt.

Rabatt | Ausverkauf

ფასდაკლება | გაყიდვა ფასდაკლებით
pasdak'leba | gaqidva pasdak'lebit

Zeigen Sie mir bitte ...

მაჩვენეთ, თუ შეიძლება ...
machvenet, tu sheidzleba ...

Geben Sie mir bitte ...

მომეცით, თუ შეიძლება ...
mometsit, tu sheidzleba ...

Kann ich es anprobieren?

შეიძლება ეს მოვიზომო?
sheidzleba es movizomo?

Entschuldigen Sie bitte,
wo ist die Anprobe?

უკაცრავად, სად არის ტანსაცმლის
მოსაზომი?
uk'atsravad, sad aris t'ansatsmlis
mosazomi?

Welche Farbe mögen Sie?

რომელი ფერი გნებავთ?
romeli peri gnebavt?

Größe | Länge

ზომა | სიმაღლე
zoma | simaghle

Wie sitzt es?

მოგერგოთ?
mogergot?

Was kostet das?

რა ღირს ეს?
ra ghirs es?

Das ist zu teuer.

ეს ძალიან ძვირია.
es dzalian dzviria.

Ich nehme es.

მე ამას ავიღებ.
me amas avigheb.

Entschuldigen Sie bitte,
wo ist die Kasse?

უკაცრავად, სად არის სალარო?
uk'atsravad, sad aris salaro?

Zahlen Sie Bar oder mit Karte?

როგორ გადაიხდით? ნაღდით თუ
საკრედიტო ბარათით?
rogor gadaikhdit? naghdit tu
sak'redit'o baratit?

in Bar | mit Karte

ნაღდით | ბარათით
naghdit | baratit

Brauchen Sie die Quittung?

თქვენ გჭირდებათ ჩეკი?
tkven gch'irdebat chek'i?

Ja, bitte.

დიახ, თუ შეიძლება.
diakh, tu sheidzleba.

Nein, es ist ok.

არა, არ არის საჭირო. გმადლობთ.
ara, ar aris sach'iro. gmadlobt.

Danke. Einen schönen Tag noch!

გმადლობთ. კარგად ბრძანდებოდეთ!
gmadlobt. k'argad brdzandebodet!

In der Stadt

Entschuldigen Sie bitte, ...	უკაცრავად, თუ შეიძლება ... uk'atsravad, tu sheidzleba ...
Ich suche ...	მე ვეძებ ... me vedzeb ...
die U-Bahn	მეტროს met'ros
mein Hotel	ჩემს სასტუმროს chems sast'umros
das Kino	კინოთეატრს k'inoteat'rs
den Taxistand	ტაქსის გაჩერებას t'aksis gacherebas

einen Geldautomat	ბანკომატს bank'omat's
eine Wechselstube	ვალუტის გაცვლას valut'is gatsvlas
ein Internetcafé	ინტერნეტ-კაფეს int'ernet'-k'apes
die ... -Straße	... ქუჩას ... kuchas
diesen Ort	აი ამ ადგილს ai am adgils

Wissen Sie, wo ... ist?	თქვენ არ იცით, სად მდებარეობს ...? tkven ar itsit, sad mdebareobs ...?
Wie heißt diese Straße?	რა ჰქვია ამ ქუჩას? ra hkvia am kuchas?
Zeigen Sie mir wo wir gerade sind.	მაჩვენეთ, სად ვართ ახლა. machvenet, sad vart akhla.
Kann ich dort zu Fuß hingehen?	მე მივალ იქამდე ფეხით? me mival ikamde pekhit?
Haben Sie einen Stadtplan?	თქვენ გაქვთ ქალაქის რუკა? tkven gakvt kalakis ruk'a?

Was kostet eine Eintrittskarte?	რა ღირს შესასვლელი ბილეთი? ra ghirs shesasvleli bileti?
Darf man hier fotografieren?	აქ შეიძლება ფოტოგადაღება? ak sheidzleba pot'ogadagheba?
Haben Sie offen?	თქვენთან ღიაა? tkventan ghiaa?

Wann öffnen Sie?

რომელ საათზე გაიხსნებით?
romel saatze gaikhsnebit?

Wann schließen Sie?

რომელ საათამდე მუშაობთ?
romel saatamde mushaobt?

Geld

Geld	ფული puli
Bargeld	ნაღდი ფული naghdi puli
Papiergeld	ქაღალდის ფული kaghaldis puli
Kleingeld	ხურდა ფული khurda puli
Scheck | Wechselgeld | Trinkgeld	ანგარიში | ხურდა | ჩაის ფული angarishi | khurda | chais puli
Kreditkarte	საკრედიტო ბარათი sak'redit'o barati
Geldbeutel	საფულე sapule
kaufen	ყიდვა, შეძენა qidva, shedzena
zahlen	გადახდა gadakhda
Strafe	ჯარიმა jarima
kostenlos	უფასოდ upasod
Wo kann ich ... kaufen?	სად შემიძლია ვიყიდო ...? sad shemidzlia viqido ...?
Ist die Bank jetzt offen?	ბანკი ახლა ღიაა? bank'i akhla ghiaa?
Wann öffnet sie?	რომელ საათზე იღება? romel saatze igheba?
Wann schließt sie?	რომელ საათამდე მუშაობს? romel saatamde mushaobs?
Wie viel?	რამდენი? ramdeni?
Was kostet das?	რა ღირს ეს? ra ghirs es?
Das ist zu teuer.	ეს ძალიან ძვირია. es dzalian dzviria.
Entschuldigen Sie bitte, wo ist die Kasse?	უკაცრავად, სად არის სალარო? uk'atsravad, sad aris salaro?
Ich möchte zahlen.	ანგარიში, თუ შეიძლება. angarishi, tu sheidzleba.

Kann ich mit Karte zahlen?	შემიძლია ბარათით გადავიხადო? shemidzlia baratit gadavikhado?
Gibt es hier einen Geldautomat?	აქ არის ბანკომატი? ak aris bank'omat'i?
Ich brauche einen Geldautomat.	მე მჭირდება ბანკომატი. me mch'irdeba bank'omat'i.

Ich suche eine Wechselstube.	მე ვეძებ ვალუტის გადამცვლელს. me vedzeb valut'is gadamtsvlels.
Ich möchte … wechseln.	მე მინდა გადავცვალო … me minda gadavtsvalo …
Was ist der Wechselkurs?	როგორია გაცვლითი კურსი? rogoria gatsvliti k'ursi?
Brauchen Sie meinen Reisepass?	გჭირდებათ ჩემი პასპორტი? gch'irdebat chemi p'asp'ort'i?

Zeit

Wie spät ist es?	რომელი საათია? romeli saatia?
Wann?	როდის? rodis?
Um wie viel Uhr?	რომელ საათზე? romel saatze?
jetzt | später | nach …	ახლა | მოგვიანებით | … შემდეგ akhla | mogvianebit | … shemdeg

ein Uhr	დღის პირველი საათი dghis p'irveli saati
Viertel zwei	პირველი საათი და თხუთმეტი წუთი p'irveli saati da tkhutmet'i ts'uti
Ein Uhr dreißig	პირველი საათი და ოცდაათი წუთი p'irveli saati da otsdaati ts'uti
Viertel vor zwei	ორს აკლია თხუთმეტი წუთი ors ak'lia tkhutmet'i ts'uti

eins | zwei | drei	ერთი | ორი | სამი erti | ori | sami
vier | fünf | sechs	ოთხი | ხუთი | ექვსი otkhi | khuti | ekvsi
sieben | acht | neun	შვიდი | რვა | ცხრა shvidi | rva | tskhra
zehn | elf | zwölf	ათი | თერთმეტი | თორმეტი ati | tertmet'i | tormet'i

in …	…-ის შემდეგ …-is shemdeg
fünf Minuten	ხუთი წუთის khuti ts'utis
zehn Minuten	ათი წუთის ati ts'utis
fünfzehn Minuten	თხუთმეტი წუთის tkhutmet'i ts'utis
zwanzig Minuten	ოცი წუთის otsi ts'utis
einer halben Stunde	ნახევარ საათში nakhevar saatshi
einer Stunde	ერთ საათში ert saatshi

am Vormittag	დილით dilit
früh am Morgen	დილით ადრე dilit adre
diesen Morgen	დღეს დილით dghes dilit
morgen früh	ხვალ დილით khval dilit

am Mittag	სადილზე sadilze
am Nachmittag	სადილის შემდეგ sadilis shemdeg
am Abend	საღამოს saghamos
heute Abend	დღეს საღამოს dghes saghamos

in der Nacht	ღამით ghamit
gestern	გუშინ gushin
heute	დღეს dghes
morgen	ხვალ khval
übermorgen	ზეგ zeg

Welcher Tag ist heute?	დღეს რა დღეა? dghes ra dghea?
Es ist …	დღეს … dghes …
Montag	ორშაბათი orshabati
Dienstag	სამშაბათი samshabati
Mittwoch	ოთხშაბათი otkhshabati

Donnerstag	ხუთშაბათი khutshabati
Freitag	პარასკევი p'arask'evi
Samstag	შაბათი shabati
Sonntag	კვირა k'vira

Begrüßungen und Vorstellungen

Hallo.	გამარჯობა. gamarjoba.
Freut mich, Sie kennen zu lernen.	მოხარული ვარ თქვენი გაცნობით. mokharuli var tkveni gatsnobit.
Ganz meinerseits.	მეც. mets.
Darf ich vorstellen? Das ist ...	გაიცანით. ეს არის ... gaitsanit. es aris ...
Sehr angenehm.	ძალიან სასიამოვნოა. dzalian sasiamovnoa.

Wie geht es Ihnen?	როგორ ხართ? როგორ არის თქვენი საქმეები? rogor khart? rogor aris tkveni sakmeebi?
Ich heiße ...	მე მქვია ... me mkvia ...
Er heißt ...	მას ჰქვია ... mas hkvia ...
Sie heißt ...	მას ჰქვია ... mas hkvia ...
Wie heißen Sie?	რა გქვიათ? ra gkviat?
Wie heißt er?	რა ჰქვია მას? ra hkvia mas?
Wie heißt sie?	რა ჰქვია მას? ra hkvia mas?

Wie ist Ihr Nachname?	რა გვარი ხართ? ra gvari khart?
Sie können mich ... nennen.	დამიძახეთ ... damidzakhet ...
Woher kommen Sie?	საიდან ხართ? saidan khart?
Ich komme aus ...	მე ...-დან ვარ me ...-dan var
Was machen Sie beruflich?	რად მუშაობთ? rad mushaobt?

Wer ist das?	ვინ არის ეს? vin aris es?
Wer ist er?	ვინ არის ის? vin aris is?

Wer ist sie?	**ვინ არის ის?** vin aris is?
Wer sind sie?	**ვინ არიან ისინი?** vin arian isini?

Das ist …	**ეს არის ...** es aris ...
mein Freund	**ჩემი მეგობარი** chemi megobari
meine Freundin	**ჩემი მეგობარი** chemi megobari
mein Mann	**ჩემი ქმარი** chemi kmari
meine Frau	**ჩემი ცოლი** chemi tsoli

mein Vater	**ჩემი მამა** chemi mama
meine Mutter	**ჩემი დედა** chemi deda
mein Bruder	**ჩემი ძმა** chemi dzma
meine Schwester	**ჩემი და** chemi da
mein Sohn	**ჩემი ვაჟი** chemi vazhi
meine Tochter	**ჩემი ქალიშვილი** chemi kalishvili

Das ist unser Sohn.	**ეს ჩვენი ვაჟიშვილია.** es chveni vazhishvilia.
Das ist unsere Tochter.	**ეს ჩვენი ქალიშვილია.** es chveni kalishvilia.
Das sind meine Kinder.	**ეს ჩემი შვილები არიან.** es chemi shvilebi arian.
Das sind unsere Kinder.	**ეს ჩვენი შვილები არიან.** es chveni shvilebi arian.

Verabschiedungen

Auf Wiedersehen!	**ნახვამდის!** nakhvamdis!
Tschüss!	**კარგად!** k'argad!
Bis morgen.	**ხვალამდე.** khvalamde.
Bis bald.	**შეხვედრამდე.** shekhvedramde.
Bis um sieben.	**შვიდზე შევხვდებით.** shvidze shevkhvdebit.
Viel Spaß!	**გაერთეთ!** gaertet!
Wir sprechen später.	**ვისაუბროთ მოგვიანებით.** visaubrot mogvianebit.
Ich wünsche Ihnen ein schönes Wochenende.	**წარმატებულ დასვენების დღეებს გისურვებთ.** ts'armat'ebul dasvenebis dgheebs gisurvebt.
Gute Nacht.	**ღამე მშვიდობისა.** ghame mshvidobisa.
Es ist Zeit, dass ich gehe.	**ჩემი წასვლის დროა.** chemi ts'asvlis droa.
Ich muss gehen.	**მე უნდა წავიდე.** me unda ts'avide.
Ich bin gleich wieder da.	**ახლავე დავბრუნდები.** akhlave davbrundebi.
Es ist schon spät.	**უკვე გვიანია.** uk've gviania.
Ich muss früh aufstehen.	**მე ადრე უნდა ავდგე.** me adre unda avdge.
Ich reise morgen ab.	**მე ხვალ მივდივარ.** me khval mivdivar.
Wir reisen morgen ab.	**ჩვენ ხვალ მივდივართ.** chven khval mivdivart.
Ich wünsche Ihnen eine gute Reise!	**ბედნიერ მგზავრობას გისურვებთ!** bednier mgzavrobas gisurvebt!
Hat mich gefreut, Sie kennen zu lernen.	**სასიამოვნო იყო თქვენი გაცნობა.** sasiamovno iqo tkveni gatsnoba.

Hat mich gefreut mit Ihnen zu sprechen.	სასიამოვნო იყო თქვენთან ურთიერთობა. sasiamovno iqo tkventan urtiertoba.
Danke für alles.	გმადლობთ ყველაფრისთვის. gmadlobt qvelapristvis.
Ich hatte eine sehr gute Zeit.	მე საუცხოოდ გავატარე დრო. me sautskhood gavat'are dro.
Wir hatten eine sehr gute Zeit.	ჩვენ საუცხოოდ გავატარეთ დრო. chven sautskhood gavat'aret dro.
Es war wirklich toll.	ყველაფერი ჩინებული იყო. qvelaperi chinebuli iqo.
Ich werde Sie vermissen.	მე მომენატრებით. me momenat'rebit.
Wir werden Sie vermissen.	ჩვენ მოგვენატრებით. chven mogvenat'rebit.

Viel Glück!	წარმატებებს გისურვებთ! ბედნიერად! ts'armat'ebebs gisurvebt! bednierad!
Grüßen Sie ...	მოკითხვა გადაეცით ... mok'itkhva gadaetsit ...

Fremdsprache

Ich verstehe nicht.	მე არ მესმის. me ar mesmis.
Schreiben Sie es bitte auf.	დაწერეთ ეს, თუ შეიძლება. dats'eret es, tu sheidzleba.
Sprechen Sie ...?	თქვენ იცით ...? tkven itsit ...?

Ich spreche ein bisschen ...	მე ცოტა ვიცი ... me tsot'a vitsi ...
Englisch	ინგლისური inglisuri
Türkisch	თურქული turkuli
Arabisch	არაბული arabuli
Französisch	ფრანგული pranguli

Deutsch	გერმანული germanuli
Italienisch	იტალიური it'aliuri
Spanisch	ესპანური esp'anuri
Portugiesisch	პორტუგალიური p'ort'ugaliuri
Chinesisch	ჩინური chinuri
Japanisch	იაპონური iap'onuri

Können Sie das bitte wiederholen.	გაიმეორეთ, თუ შეიძლება. gaimeoret, tu sheidzleba.
Ich verstehe.	მე მესმის. me mesmis.
Ich verstehe nicht.	მე არ მესმის. me ar mesmis.
Sprechen Sie etwas langsamer.	ილაპარაკეთ უფრო ნელა, თუ შეიძლება. ilap'arak'et upro nela, tu sheidzleba.

Ist das richtig?	ეს სწორია?
	es sts'oria?
Was ist das? (Was bedeutet das?)	რა არის ეს?
	ra aris es?

Entschuldigungen

Entschuldigen Sie bitte.	ბოდიში, უკაცრავად. bodishi, uk'atsravad.
Es tut mir leid.	მე ვწუხვარ. me vts'ukhvar.
Es tut mir sehr leid.	მე ძალიან ვწუხვარ. me dzalian vts'ukhvar.
Es tut mir leid, das ist meine Schuld.	დამნაშავე ვარ, ეს ჩემი ბრალია. damnashave var, es chemi bralia.
Das ist mein Fehler.	ჩემი შეცდომაა. chemi shetsdomaa.

Darf ich ...?	მე შემიძლია ...? me shemidzlia ...?
Haben Sie etwas dagegen, wenn ich ...?	წინააღმდეგი ხომ არ იქნებით, მე რომ ...? ts'inaaghmdegi khom ar iknebit, me rom ...?

Es ist okay.	არა უშავს. ara ushavs.
Alles in Ordnung.	ყველაფერი წესრიგშია. qvelaperi ts'esrigshia.
Machen Sie sich keine Sorgen.	ნუ შეწუხდებით. nu shets'ukhdebit.

Einigung

Ja.	დიახ. diakh.
Ja, natürlich.	დიახ, რა თქმა უნდა. diakh, ra tkma unda.
Ok! (Gut!)	კარგი! k'argi!
Sehr gut.	ძალიან კარგი. dzalian k'argi.
Natürlich!	რა თქმა უნდა! ra tkma unda!
Genau.	მე თანახმა ვარ. me tanakhma var.

Das stimmt.	სწორია. sts'oria.
Das ist richtig.	სწორია. sts'oria.
Sie haben Recht.	თქვენ მართალი ხართ. tkven martali khart.
Ich habe nichts dagegen.	მე წინააღმდეგი არა ვარ. me ts'inaaghmdegi ara var.
Völlig richtig.	სრული ჭეშმარიტებაა. sruli ch'eshmarit'ebaa.

Das kann sein.	ეს შესაძლებელია. es shesadzlebelia.
Das ist eine gute Idee.	ეს კარგი აზრია. es k'argi azria.
Ich kann es nicht ablehnen.	უარს ვერ ვიტყვი. uars ver vit'qvi.
Ich würde mich freuen.	მოხარული ვიქნები. mokharuli viknebi.
Gerne.	სიამოვნებით. siamovnebit.

Ablehnung. Äußerung von Zweifel

Nein.	არა. ara.
Natürlich nicht.	რა თქმა უნდა არა. ra tkma unda ara.
Ich stimme nicht zu.	მე თანახმა არ ვარ. me tanakhma ar var.
Das glaube ich nicht.	მე ასე არ ვფიქრობ. me ase ar vpikrob.
Das ist falsch.	ეს მართალი არაა. es martali araa.

Sie liegen falsch.	თქვენ არ ხართ მართალი. tkven ar khart martali.
Ich glaube, Sie haben Unrecht.	მე მგონია, რომ თქვენ მართალი არ ხართ. me mgonia, rom tkven martali ar khart.
Ich bin nicht sicher.	დარწმუნებული არ ვარ. darts'munebuli ar var.
Das ist unmöglich.	ეს შეუძლებელია. es sheudzlebelia.
Nichts dergleichen!	ნურას უკაცრავად! nuras uk'atsravad!

Im Gegenteil!	პირიქით! p'irikit!
Ich bin dagegen.	მე წინააღმდეგი ვარ. me ts'inaaghmdegi var.
Es ist mir egal.	ჩემთვის სულ ერთია. chemtvis sul ertia.
Keine Ahnung.	აზრზე არ ვარ. azrze ar var.
Ich bezweifle, dass es so ist.	მეეჭვება, რომ ეს ასეა. meech'veba, rom es asea.

Es tut mir leid, ich kann nicht.	ბოდიში, მე არ შემიძლია. bodishi, me ar shemidzlia.
Es tut mir leid, ich möchte nicht.	ბოდიში, მე არ მინდა. bodishi, me ar minda.

Danke, das brauche ich nicht.	გმადლობთ, მე ეს არ მჭირდება. gmadlobt, me es ar mch'irdeba.
Es ist schon spät.	უკვე გვიანია. uk've gviania.

Ich muss früh aufstehen.

მე ადრე უნდა ავდგე.
me adre unda avdge.

Mir geht es schlecht.

მე შეუძლოდ ვარ.
me sheudzlod var.

Dankbarkeit ausdrücken

Danke.	გმადლობთ. gmadlobt.
Dankeschön.	დიდი მადლობა. didi madloba.
Ich bin Ihnen sehr verbunden.	ძალიან მადლიერი ვარ. dzalian madlieri var.
Ich bin Ihnen sehr dankbar.	მე თქვენი მადლობელი ვარ. me tkveni madlobeli var.
Wir sind Ihnen sehr dankbar.	ჩვენ თქვენი მადლიერნი ვართ. chven tkveni madlierni vart.
Danke, dass Sie Ihre Zeit geopfert haben.	გმადლობთ, რომ დრო დახარჯეთ. gmadlobt, rom dro dakharjet.
Danke für alles.	მადლობა ყველაფრისთვის. madloba qvelapristvis.
Danke für ...	მადლობა ...-თვის madloba ...-tvis
Ihre Hilfe	თქვენი დახმარებისთვის tkveni dakhmarebistvis
die schöne Zeit	კარგი დროისთვის k'argi droistvis
das wunderbare Essen	მშვენიერი საჭმელისთვის mshvenieri sach'melistvis
den angenehmen Abend	სასიამოვნო საღამოსთვის sasiamovno saghamostvis
den wunderschönen Tag	შესანიშნავი დღისთვის shesanishnavi dghistvis
die interessante Führung	საინტერესო ექსკურსიისთვის. saint'ereso eksk'ursiistvis.
Keine Ursache.	არაფერს. arapers.
Nichts zu danken.	არ ღირს სამადლობლად. ar ghirs samadloblad.
Immer gerne.	ყოველთვის მზად ვარ. qoveltvis mzad var.
Es freut mich, geholfen zu haben.	მოხარული ვიყავი დაგხმარებოდით. mokharuli viqavi dagkhmarebodit.
Vergessen Sie es.	დაივიწყეთ. ყველაფერი წესრიგშია. daivits'qet. qvelaperi ts'esrigshia.
Machen Sie sich keine Sorgen.	ნუ ღელავთ. nu ghelavt.

Glückwünsche. Beste Wünsche

Glückwunsch!	გილოცავთ! gilotsavt!
Alles gute zum Geburtstag!	გილოცავთ დაბადების დღეს! gilotsavt dabadebis dghes!
Frohe Weihnachten!	ბედნიერ შობას გისურვებთ! bednier shobas gisurvebt!
Frohes neues Jahr!	გილოცავთ ახალ წელს! gilotsavt akhal ts'els!

Frohe Ostern!	ნათელ აღდგომას გილოცავთ! natel aghdgomas gilotsavt!
Frohes Hanukkah!	ბედნიერ ჰანუკას გისურვებთ! bednier hanuk'as gisurvebt!

Ich möchte einen Toast ausbringen.	მე მაქვს სადღეგრძელო. me makvs sadghegrdzelo.
Auf Ihr Wohl!	გაგიმარჯოთ! gagimarjot!
Trinken wir auf ...!	დავლიოთ ...! davliot ...!
Auf unseren Erfolg!	ჩვენი წარმატების იყოს! chveni ts'armat'ebis iqos!
Auf Ihren Erfolg!	თქვენი წარმატების იყოს! tkveni ts'armat'ebis iqos!

Viel Glück!	წარმატებას გისურვებთ! ts'armat'ebas gisurvebt!
Einen schönen Tag noch!	სასიამოვნო დღეს გისურვებთ! sasiamovno dghes gisurvebt!
Haben Sie einen guten Urlaub!	კარგ დასვენებას გისურვებთ! k'arg dasvenebas gisurvebt!
Haben Sie eine sichere Reise!	გისურვებთ წარმატებულ მგზავრობას! gisurvebt ts'armat'ebul mgzavrobas!
Ich hoffe es geht Ihnen bald besser!	გისურვებთ მალე გამოჯანმრთელებას! gisurvebt male gamojanmrtelebas!

Sozialisieren

Warum sind Sie traurig?	რატომ ხართ უხასიათოდ? rat'om khart ukhasiatod?
Lächeln Sie!	გაიღიმეთ! gaighimet!
Sind Sie heute Abend frei?	თქვენ არ ხართ დაკავებული დღეს საღამოს? tkven ar khart dak'avebuli dghes saghamos?

Darf ich Ihnen was zum Trinken anbieten?	მე შემიძლია შემოგთავაზოთ დალევა? me shemidzlia shemogtavazot daleva?
Möchten Sie tanzen?	არ გინდათ ცეკვა? ar gindat tsek'va?
Gehen wir ins Kino.	იქნებ კინოში წავიდეთ? ikneb k'inoshi ts'avidet?

Darf ich Sie ins … einladen?	შემიძლია დაგპატიჟოთ ...-ში? shemidzlia dagp'at'izhot ...-shi?
Restaurant	რესტორანში rest'oranshi
Kino	კინოში k'inoshi
Theater	თეატრში teat'rshi
auf einen Spaziergang	სასეირნოდ saseirnod

Um wie viel Uhr?	რომელ საათზე? romel saatze?
heute Abend	დღეს საღამოს dghes saghamos
um sechs Uhr	ექვს საათზე ekvs saatze
um sieben Uhr	შვიდ საათზე shvid saatze
um acht Uhr	რვა საათზე rva saatze
um neun Uhr	ცხრა საათზე tskhra saatze

Gefällt es Ihnen hier?	თქვენ აქ მოგწონთ? tkven ak mogts'ont?
Sind Sie hier mit jemandem?	თქვენ აქ ვინმესთან ერთად ხართ? tkven ak vinmestan ertad khart?

Ich bin mit meinem Freund /meiner Freundin/.	მე მეგობართან ერთად ვარ.
	me megobartan ertad var.
Ich bin mit meinen Freunden.	მე მეგობრებთან ერთად ვარ.
	me megobrebtan ertad var.
Nein, ich bin alleine.	მე მარტო ვარ.
	me mart'o var.

Hast du einen Freund?	შენ მეგობარი ვაჟი გყავს?
	shen megobari vazhi gqavs?
Ich habe einen Freund.	მე მყავს მეგობარი ვაჟი.
	me mqavs megobari vazhi.
Hast du eine Freundin?	შენ გყავს მეგობარი გოგონა?
	shen gqavs megobari gogona?
Ich habe eine Freundin.	მე მყავს მეგობარი გოგონა.
	me mqavs megobari gogona.

Kann ich dich nochmals sehen?	ჩვენ კიდევ შევხვდებით?
	chven k'idev shevkhvdebit?
Kann ich dich anrufen?	შეიძლება დაგირეკო?
	sheidzleba dagirek'o?
Ruf mich an.	დამირეკე.
	damirek'e.
Was ist deine Nummer?	რა ნომერი გაქვს?
	ra nomeri gakvs?
Ich vermisse dich.	მენატრები.
	menat'rebi.

Sie haben einen schönen Namen.	თქვენ ძალიან ლამაზი სახელი გაქვთ.
	tkven dzalian lamazi sakheli gakvt.
Ich liebe dich.	მე შენ მიყვარხარ.
	me shen miqvarkhar.
Willst du mich heiraten?	გამომყევი ცოლად.
	gamomqevi tsolad.
Sie machen Scherze!	თქვენ ხუმრობთ!
	tkven khumrobt!
Ich habe nur gescherzt.	მე უბრალოდ ვხუმრობ.
	me ubralod vkhumrob.

Ist das Ihr Ernst?	თქვენ სერიოზულად?
	tkven seriozulad?
Das ist mein Ernst.	მე სერიოზულად ვამბობ.
	me seriozulad vambob.
Echt?!	მართლა?!
	martla?!
Das ist unglaublich!	ეს წარმოუდგენელია!
	es ts'armoudgenelia!
Ich glaube Ihnen nicht.	მე თქვენი არ მჯერა.
	me tkveni ar mjera.
Ich kann nicht.	მე არ შემიძლია.
	me ar shemidzlia.
Ich weiß nicht.	მე არ ვიცი.
	me ar vitsi.

Ich verstehe Sie nicht.	მე თქვენი არ მესმის. me tkveni ar mesmis.
Bitte gehen Sie weg.	წადით, თუ შეიძლება. ts'adit, tu sheidzleba.
Lassen Sie mich in Ruhe!	დამანებეთ თავი! damanebet tavi!

Ich kann ihn nicht ausstehen.	მე მას ვერ ვიტან. me mas ver vit'an.
Sie sind widerlich!	თქვენ ამაზრზენი ხართ! tkven amazrzeni khart!
Ich rufe die Polizei an!	მე პოლიციას გამოვიძახებ! me p'olitsias gamovidzakheb!

Gemeinsame Eindrücke. Emotionen

Das gefällt mir.	მე ეს მომწონს. me es momts'ons.
Sehr nett.	ძალიან სასიამოვნოა. dzalian sasiamovnoa.
Das ist toll!	ეს ძალიან კარგია! es dzalian k'argia!
Das ist nicht schlecht.	ეს ცუდი არ არის. es tsudi ar aris.
Das gefällt mir nicht.	მე ეს არ მომწონს. me es ar momts'ons.
Das ist nicht gut.	ეს კარგი არ არის. es k'argi ar aris.
Das ist schlecht.	ეს ცუდია. es tsudia.
Das ist sehr schlecht.	ეს ძალიან ცუდია. es dzalian tsudia.
Das ist widerlich.	ეს ამაზრზენია. es amazrzenia.
Ich bin glücklich.	მე ბედნიერი ვარ. me bednieri var.
Ich bin zufrieden.	მე კმაყოფილი ვარ. me k'maqopili var.
Ich bin verliebt.	მე შეყვარებული ვარ. me sheqvarebuli var.
Ich bin ruhig.	მე მშვიდად ვარ. me mshvidad var.
Ich bin gelangweilt.	მე მოწყენილი ვარ. me mots'qenili var.
Ich bin müde.	მე დავიღალე. me davighale.
Ich bin traurig.	მე სევდიანი ვარ. me sevdiani var.
Ich habe Angst.	მე შეშინებული ვარ. me sheshinebuli var.
Ich bin wütend.	მე ვბრაზობ. me vbrazob.
Ich mache mir Sorgen.	მე ვღელავ. me vghelav.
Ich bin nervös.	მე ვნერვიულობ. me vnerviulob.

Ich bin eifersüchtig.

მე მშურს.
me mshurs.

Ich bin überrascht .

მე გაკვირვებული ვარ.
me gak'virvebuli var.

Es ist mir peinlich.

მე გაოგნებული ვარ.
me gaognebuli var.

Probleme. Unfälle

Ich habe ein Problem.	მე პრობლემა მაქვს. me p'roblema makvs.
Wir haben Probleme.	ჩვენ პრობლემა გვაქვს. chven p'roblema gvakvs.
Ich bin verloren.	მე გზა ამებნა. me gza amebna.
Ich habe den letzten Bus (Zug) verpasst.	მე დამაგვიანდა ბოლო ავტობუსზე (მატარებელზე). me damagvianda bolo avt'obusze (mat'arebelze).
Ich habe kein Geld mehr.	მე სულ აღარ დამრჩა ფული. me sul aghar damrcha puli.

Ich habe mein ... verloren.	მე დავკარგე ... me davk'arge ...
Jemand hat mein ... gestohlen.	მე მომპარეს ... me momp'ares ...
Reisepass	პასპორტი p'asp'ort'i
Geldbeutel	საფულე sapule
Papiere	საბუთები sabutebi
Fahrkarte	ბილეთი bileti

Geld	ფული puli
Tasche	ჩანთა chanta
Kamera	ფოტოაპარატი pot'oap'arat'i
Laptop	ნოუთბუქი noutbuki
Tabletcomputer	პლანშეტი p'lanshet'i
Handy	ტელეფონი t'eleponi

Hilfe!	მიშველეთ! mishvelet!
Was ist passiert?	რა მოხდა...? ra mokhda...?

Feuer	**ხანძარი** khandzari
Schießerei	**სროლა** srola
Mord	**მკვლელობა** mk'vleloba
Explosion	**აფეთქება** apetkeba
Schlägerei	**ჩხუბი** chkhubi

Rufen Sie die Polizei!	**გამოიძახეთ პოლიცია!** gamoidzakhet p'olitsia!
Beeilen Sie sich!	**თუ შეიძლება, ჩქარა!** tu sheidzleba, chkara!
Ich suche nach einer Polizeistation.	**მე ვეძებ პოლიციის განყოფილებას.** me vedzeb p'olitsiis ganqopilebas.
Ich muss einen Anruf tätigen.	**მე უნდა დავრეკო.** me unda davrek'o.
Kann ich Ihr Telefon benutzen?	**შეიძლება დავრეკო?** sheidzleba davrek'o?

Ich wurde …	**მე ...** me ...
ausgeraubt	**გამძარცვეს** gamdzartsves
überfallen	**გამქურდეს** gamkurdes
vergewaltigt	**გამაუპატიურეს** gamaup'at'iures
angegriffen	**მცემეს** mtsemes

Ist bei Ihnen alles in Ordnung?	**თქვენ ყველაფერი რიგზე გაქვთ?** tkven qvelaperi rigze gakvt?
Haben Sie gesehen wer es war?	**თქვენ დაინახეთ, ვინ იყო?** tkven dainakhet, vin iqo?
Sind Sie in der Lage die Person wiederzuerkennen?	**თქვენ შეგიძლიათ ის იცნოთ?** tkven shegidzliat is itsnot?
Sind sie sicher?	**თქვენ დარწმუნებული ხართ?** tkven darts'munebuli khart?
Beruhigen Sie sich bitte!	**დაწყნარდით, თუ შეიძლება.** dats'qnardit, tu sheidzleba.
Ruhig!	**უფრო წყნარად!** upro ts'qnarad!
Machen Sie sich keine Sorgen	**ნუ ღელავთ.** nu ghelavt.
Alles wird gut.	**ყველაფერი კარგად იქნება.** qvelaperi k'argad ikneba.
Alles ist in Ordnung.	**ყველაფერი რიგზეა.** qvelaperi rigzea.

Kommen Sie bitte her.	აქ მობრძანდით, თუ შეიძლება. ak mobrdzandit, tu sheidzleba.
Ich habe einige Fragen für Sie.	მე რამდენიმე კითხვა მაქვს თქვენთან. me ramdenime k'itkhva makvs tkventan.
Warten Sie einen Moment bitte.	დაელოდეთ, თუ შეიძლება. daelodet, tu sheidzleba.
Haben Sie einen Identifikationsnachweis?	თქვენ გაქვთ საბუთები? tkven gakvt sabutebi?
Danke. Sie können nun gehen.	გმადლობთ. შეგიძლიათ წაბრძანდეთ. gmadlobt. shegidzliat ts'abrdzandet.
Hände hinter dem Kopf!	ხელები თავს უკან! khelebi tavs uk'an!
Sie sind verhaftet!	თქვენ დაპატიმრებული ხართ! tkven dap'at'imrebuli khart!

Gesundheitsprobleme

Helfen Sie mir bitte.	მიშველეთ, თუ შეიძლება. mishvelet, tu sheidzleba.
Mir ist schlecht.	მე ცუდად ვარ. me tsudad var.
Meinem Ehemann ist schlecht.	ჩემი ქმარი ცუდად არის. chemi kmari tsudad aris.
Mein Sohn …	ჩემი ვაჟი … chemi vazhi …
Mein Vater …	ჩემი მამა … chemi mama …

Meine Frau fühlt sich nicht gut.	ჩემი ცოლი ცუდად არის. chemi tsoli tsudad aris.
Meine Tochter …	ჩემი ქალიშვილი … chemi kalishvili …
Meine Mutter …	ჩემი დედა … chemi deda …

Ich habe … schmerzen.	მე … მტკივა me … mt'k'iva
Kopf-	თავი tavi
Hals-	ყელი qeli
Bauch-	მუცელი mutseli
Zahn-	კბილი k'bili

Mir ist schwindelig.	მე თავბრუ მეხვევა. me tavbru mekhveva.
Er hat Fieber.	მას სიცხე აქვს. mas sitskhe akvs.
Sie hat Fieber.	მას სიცხე აქვს. mas sitskhe akvs.
Ich kann nicht atmen.	სუნთქვა არ შემიძლია. suntkva ar shemidzlia.

Ich kriege keine Luft.	სული მეხუთება. suli mekhuteba.
Ich bin Asthmatiker.	მე ასთმა მაქვს. me astma makvs.
Ich bin Diabetiker /Diabetikerin/	მე დიაბეტი მაქვს. me diabet'i makvs.

Ich habe Schlaflosigkeit.	**მე უძილობა მჭირს.** me udziloba mch'irs.
Lebensmittelvergiftung	**კვებითი მოწამვლა მაქვს** k'vebiti mots'amvla makvs

---

Es tut hier weh.	**აი აქ მტკივა.** ai ak mt'k'iva.
Hilfe!	**მიშველეთ!** mishvelet!
Ich bin hier!	**მე აქ ვარ!** me ak var!
Wir sind hier!	**ჩვენ აქ ვართ!** chven ak vart!
Bringen Sie mich hier raus!	**ამომიყვანეთ აქედან!** amomiqvanet akedan!
Ich brauche einen Arzt.	**მე ექიმი მჭირდება.** me ekimi mch'irdeba.
Ich kann mich nicht bewegen.	**მოძრაობა არ შემიძლია.** modzraoba ar shemidzlia.
Ich kann meine Beine nicht bewegen.	**ფეხებს ვერ ვგრძნობ.** pekhebs ver vgrdznob.

Ich habe eine Wunde.	**მე დაჭრილი ვარ.** me dach'rili var.
Ist es ernst?	**ეს სერიოზულია?** es seriozulia?
Meine Dokumente sind in meiner Hosentasche.	**ჩემი საბუთები ჯიბეშია.** chemi sabutebi jibeshia.
Beruhigen Sie sich!	**დაწყნარდით!** dats'qnardit!
Kann ich Ihr Telefon benutzen?	**შეიძლება დავრეკო?** sheidzleba davrek'o?

Rufen Sie einen Krankenwagen!	**გამოიძახეთ სასწრაფო!** gamoidzakhet sasts'rapo!
Es ist dringend!	**ეს სასწრაფოა!** es sasts'rapoa!
Es ist ein Notfall!	**ეს ძალიან სასწრაფოა!** es dzalian sasts'rapoa!
Schneller bitte!	**თუ შეიძლება, ჩქარა!** tu sheidzleba, chkara!
Können Sie bitte einen Arzt rufen?	**ექიმი გამოიძახეთ, თუ შეიძლება.** ekimi gamoidzakhet, tu sheidzleba.
Wo ist das Krankenhaus?	**მითხარით, სად არის საავადმყოფო?** mitkharit, sad aris saavadmqopo?

Wie fühlen Sie sich?	**როგორ გრძნობთ თავს?** rogor grdznobt tavs?
Ist bei Ihnen alles in Ordnung?	**თქვენ ყველაფერი წესრიგში გაქვთ?** tkven qvelaperi ts'esrigshi gakvt?
Was ist passiert?	**რა მოხდა?** ra mokhda?

Mir geht es schon besser.

მე უკვე უკეთ ვარ.
me uk've uk'et var.

Es ist in Ordnung.

ყველაფერი რიგზეა.
qvelaperi rigzea.

Alles ist in Ordnung.

ყველაფერი კარგად არის.
qvelaperi k'argad aris.

In der Apotheke

Apotheke	აფთიაქი aptiaki
24 Stunden Apotheke	სადღეღამისო აფთიაქი sadgheghamiso aptiaki
Wo ist die nächste Apotheke?	სად არის უახლოესი აფთიაქი? sad aris uakhloesi aptiaki?

Ist sie jetzt offen?	ის ახლა ღიაა? is akhla ghiaa?
Um wie viel Uhr öffnet sie?	რომელ საათზე იხსნება? romel saatze ikhsneba?
Um wie viel Uhr schließt sie?	რომელ საათამდე მუშაობს? romel saatamde mushaobs?

Ist es weit?	ეს შორს არის? es shors aris?
Kann ich dort zu Fuß hingehen?	მე მივალ იქამდე ფეხით? me mival ikamde pekhit?
Können Sie es mir auf der Karte zeigen?	მაჩვენეთ რუკაზე, თუ შეიძლება. machvenet ruk'aze, tu sheidzleba.

Bitte geben sie mir etwas gegen …	მომეცით რამე, …-ის mometsit rame, …-is
Kopfschmerzen	თავის ტკივილის tavis t'k'ivilis
Husten	ხველების khvelebis
eine Erkältung	გაციების gatsivebis
die Grippe	გრიპის grip'is

Fieber	სიცხის sitskhis
Magenschmerzen	კუჭის ტკივილის k'uch'is t'k'ivilis
Übelkeit	გულისრევის gulisrevis
Durchfall	დიარეის diareis
Verstopfung	კუჭში შეკრულობის k'uch'shi shek'rulobis
Rückenschmerzen	ზურგის ტკივილი zurgis t'k'ivili

Brustschmerzen	მკერდის ტკივილი mk'erdis t'k'ivili
Seitenstechen	ტკივილი გვერდში t'k'ivili gverdshi
Bauchschmerzen	ტკივილი მუცელში t'k'ivili mutselshi

Pille	ტაბლეტი t'ablet'i
Salbe, Creme	მალამო, კრემი malamo, k'remi
Sirup	სიროფი siropi
Spray	სპრეი sp'rei
Tropfen	წვეთები ts'vetebi

Sie müssen ins Krankenhaus gehen.	თქვენ საავადმყოფოში უნდა იყოთ. tkven saavadmqoposhi unda iqot.
Krankenversicherung	დაზღვევა dazghveva
Rezept	რეცეპტი retsep't'i
Insektenschutzmittel	მწერების საწინააღმდეგო საშუალება mts'erebis sats'inaaghmdego sashualeba
Pflaster	ლეიკოპლასტირი leik'op'last'iri

Das absolute Minimum

Entschuldigen Sie bitte, …	უკაცრავად, … uk'atsravad, …
Hallo.	გამარჯობა. gamarjoba.
Danke.	გმადლობთ. gmadlobt.
Auf Wiedersehen.	ნახვამდის. nakhvamdis.
Ja.	დიახ. diakh.
Nein.	არა. ara.
Ich weiß nicht.	არ ვიცი. ar vitsi.
Wo? | Wohin? | Wann?	სად?| საით?| როდის? sad?| sait?| rodis?

Ich brauche …	მე მჭირდება… me mch'irdeba…
Ich möchte …	მე მინდა … me minda …
Haben Sie …?	თქვენ გაქვთ …? tkven gakvt …?
Gibt es hier …?	აქ არის … ? ak aris … ?
Kann ich …?	შემიძლია… ? shemidzlia… ?
Bitte (anfragen)	თუ შეიძლება tu sheidzleba

Ich suche …	მე ვეძებ … me vedzeb …
die Toilette	ტუალეტს t'ualet's
den Geldautomat	ბანკომატს bank'omat's
die Apotheke	აფთიაქს aptiaks
das Krankenhaus	საავადმყოფოს saavadmqopos
die Polizeistation	პოლიციის განყოფილებას p'olitsiis ganqopilebas
die U-Bahn	მეტროს met'ros

| das Taxi | ტაქსს
t'akss |
| den Bahnhof | რკინიგზის სადგურს
rk'inigzis sadgurs |

Ich heiße ...	მე მქვია ... me mkvia ...
Wie heißen Sie?	რა გქვიათ? ra gkviat?
Helfen Sie mir bitte.	დამეხმარეთ, თუ შეიძლება. damekhmaret, tu sheidzleba.
Ich habe ein Problem.	პრობლემა მაქვს. p'roblema makvs.
Mir ist schlecht.	ცუდად ვარ. tsudad var.
Rufen Sie einen Krankenwagen!	გამოიძახეთ სასწრაფო! gamoidzakhet sasts'rapo!
Darf ich telefonieren?	შემიძლია დავრეკო? shemidzlia davrek'o?

| Entschuldigung. | ბოდიშს გიხდით
bodishs gikhdit |
| Keine Ursache. | არაფერს
arapers |

ich	მე me
du	შენ shen
er	ის is
sie	ის is
sie (Pl, Mask.)	ისინი isini
sie (Pl, Fem.)	ისინი isini
wir	ჩვენ chven
ihr	თქვენ tkven
Sie	თქვენ tkven

EINGANG	შესასვლელი shesasvleli
AUSGANG	გასასვლელი gasasvleli
AUßER BETRIEB	არ მუშაობს ar mushaobs
GESCHLOSSEN	დაკეტილია dak'et'ilia

OFFEN	ღიაა ghiaa
FÜR DAMEN	ქალებისთვის kalebistvis
FÜR HERREN	მამაკაცებისთვის mamak'atsebistvis

AKTUELLES VOKABULAR

Dieser Teil beinhaltet mehr als 3.000 der wichtigsten Wörter. Das Wörterbuch wird Ihnen wertvolle Unterstützung während Ihrer Reise bieten, weil einzelne, häufig benutzte Wörter genug sind, damit Sie verstanden werden.
Das Wörterbuch beinhaltet eine praktische Transkription jedes Fremdworts

T&P Books Publishing

INHALT WÖRTERBUCH

T&P Books Publishing

GRUNDBEGRIFFE

T&P Books Publishing

1. Pronomen

ich	მე	me
du	შენ	shen
er, sie, es	ის	is
wir	ჩვენ	chven
ihr	თქვენ	tkven
sie	ისინი	isini

2. Grüße. Begrüßungen

Hallo! (ugs.)	გამარჯობა!	gamarjoba!
Hallo! (Amtsspr.)	გამარჯობათ!	gamarjobat!
Guten Morgen!	დილა მშვიდობისა!	dila mshvidobisa!
Guten Tag!	დღე მშვიდობისა!	dghe mshvidobisa!
Guten Abend!	საღამო მშვიდობისა!	saghamo mshvidobisa!
grüßen (vi, vt)	მისალმება	misalmeba
Hallo! (ugs.)	სალამი!	salami!
Gruß (m)	სალამი	salami
begrüßen (vt)	მისალმება	misalmeba
Wie geht's?	როგორ ხარ?	rogor khar?
Was gibt es Neues?	რა არის ახალი?	ra aris akhali?
Auf Wiedersehen!	ნახვამდის!	nakhvamdis!
Bis bald!	მომავალ შეხვედრამდე!	momaval shekhvedramde!
Lebe wohl! Leben Sie wohl!	მშვიდობით!	mshvidobit!
sich verabschieden	გამომშვიდობება	gamomshvidobeba
Tschüs!	კარგად!	k'argad!
Danke!	გმადლობთ!	gmadlobt!
Dankeschön!	დიდი მადლობა!	didi madloba!
Bitte (Antwort)	არაფრის	arapris
Keine Ursache.	მადლობად არ ღირს	madlobad ar ghirs
Nichts zu danken.	არაფრის	arapris
Entschuldigen Sie!	ბოდიში!	bodishi!
entschuldigen (vt)	პატიება	p'at'ieba
sich entschuldigen	ბოდიშის მოხდა	bodishis mokhda
Verzeihung!	ბოდიში	bodishi
Es tut mir leid!	მაპატიეთ!	map'at'iet!

verzeihen (vt)	პატიება	p'at'ieba
Das macht nichts!	არა უშავს.	ara ushavs.
bitte (Die Rechnung, ~!)	გეთაყვა	getaqva

Nicht vergessen!	არ დაგავიწყდეთ!	ar dagavits'qdet!
Natürlich!	რა თქმა უნდა!	ra tkma unda!
Natürlich nicht!	რა თქმა უნდა, არა!	ra tkma unda, ara!
Gut! Okay!	თანახმა ვარ!	tanakhma var!
Es ist genug!	საკმარისია!	sak'marisia!

3. Fragen

Wer?	ვინ?	vin?
Was?	რა?	ra?
Wo?	სად?	sad?
Wohin?	სად?	sad?
Woher?	საიდან?	saidan?
Wann?	როდის?	rodis?
Wozu?	რისთვის?	ristvis?
Warum?	რატომ?	rat'om?

Wofür?	რისთვის?	ristvis?
Wie?	როგორ?	rogor?
Welcher?	როგორი?	rogori?

Wem?	ვის?	vis?
Über wen?	ვიზე?	vize?
Wovon? (~ sprichst du?)	რაზე?	raze?
Mit wem?	ვისთან ერთად?	vistan ertad?

| Wie viel? Wie viele? | რამდენი? | ramdeni? |
| Wessen? | ვისი? | visi? |

4. Präpositionen

mit (Frau ~ Katzen)	ერთად	ertad
ohne (~ Dich)	გარეშე	gareshe
nach (~ London)	-ში	-shi
über (~ Geschäfte sprechen)	შესახებ	shesakheb
vor (z.B. ~ acht Uhr)	წინ	ts'in
vor (z.B. ~ dem Haus)	წინ	ts'in

unter (~ dem Schirm)	ქვეშ	kvesh
über (~ dem Meeresspiegel)	ზემოთ	zemot
auf (~ dem Tisch)	-ზე	-ze
aus (z.B. ~ München)	-დან	-dan

aus (z.B. ~ Porzellan)	-გან	-gan
in (~ zwei Tagen)	-ში	-shi
über (~ zaun)	-ზე	-ze

5. Funktionswörter. Adverbien. Teil 1

Wo?	სად?	sad?
hier	აქ	ak
dort	იქ	ik

| irgendwo | სადღაც | sadghats |
| nirgends | არსად | arsad |

| an (bei) | -თან | -tan |
| am Fenster | ფანჯარასთან | panjarastan |

Wohin?	სად?	sad?
hierher	აქ	ak
dahin	იქ	ik
von hier	აქედან	akedan
von da	იქიდან	ikidan

| nah (Adv) | ახლოს | akhlos |
| weit, fern (Adv) | შორს | shors |

in der Nähe von ...	გვერდით	gverdit
in der Nähe	გვერდით	gverdit
unweit (~ unseres Hotels)	ახლო	akhlo

link (Adj)	მარცხენა	martskhena
links (Adv)	მარცხნივ	martskhniv
nach links	მარცხნივ	martskhniv

recht (Adj)	მარჯვენა	marjvena
rechts (Adv)	მარჯვნივ	marjvniv
nach rechts	მარჯვნივ	marjvniv

vorne (Adv)	წინ	ts'in
Vorder-	წინა	ts'ina
vorwärts	წინ	ts'in

hinten (Adv)	უკან	uk'an
von hinten	უკნიდან	uk'nidan
rückwärts (Adv)	უკან	uk'an

| Mitte (f) | შუა | shua |
| in der Mitte | შუაში | shuashi |

| seitlich (Adv) | გვერდიდან | gverdidan |
| überall (Adv) | ყველგან | qvelgan |

ringsherum (Adv)	გარშემო	garshemo
von innen (Adv)	შიგნიდან	shignidan
irgendwohin (Adv)	სადღაც	sadghats
geradeaus (Adv)	პირდაპირ	p'irdap'ir
zurück (Adv)	უკან	uk'an

| irgendwoher (Adv) | საიდანმე | saidanme |
| von irgendwo (Adv) | საიდანღაც | saidanghats |

erstens	პირველ რიგში	p'irvel rigshi
zweitens	მეორედ	meored
drittens	მესამედ	mesamed

plötzlich (Adv)	უცებ	utseb
zuerst (Adv)	თავდაპირველად	tavdap'irvelad
zum ersten Mal	პირველად	p'irvelad
lange vor...	დიდი ხნით ადრე	didi khnit adre
von Anfang an	ხელახლა	khelakhla
für immer	სამუდამოდ	samudamod

nie (Adv)	არასდროს	arasdros
wieder (Adv)	ისევ	isev
jetzt (Adv)	ახლა	akhla
oft (Adv)	ხშირად	khshirad
damals (Adv)	მაშინ	mashin
dringend (Adv)	სასწრაფოდ	sasts'rapod
gewöhnlich (Adv)	ჩვეულებრივად	chveulebrivad

übrigens, ...	სხვათა შორის	skhvata shoris
möglicherweise (Adv)	შესაძლოა	shesadzloa
wahrscheinlich (Adv)	ალბათ	albat
vielleicht (Adv)	შეიძლება	sheidzleba
außerdem ...	ამას გარდა, ...	amas garda, ...
deshalb ...	ამიტომ	amit'om
trotz ...	მიუხედავად	miukhedavad
dank ...	წყალობით	ts'qalobit

was (~ ist denn?)	რა	ra
das (~ ist alles)	რომ	rom
etwas	რაღაც	raghats
irgendwas	რაიმე	raime
nichts	არაფერი	araperi

wer (~ ist ~?)	ვინ	vin
jemand	ვიღაც	vighats
irgendwer	ვინმე	vinme

niemand	არავინ	aravin
nirgends	არსად	arsad
niemandes (~ Eigentum)	არავისი	aravisi
jemandes	ვინმესი	vinmesi
so (derart)	ასე	ase

| auch | აგრეთვე | agretve |
| ebenfalls | -ც | -ts |

6. Funktionswörter. Adverbien. Teil 2

Warum?	რატომ?	rat'om?
aus irgendeinem Grund	რატომღაც	rat'omghats
weil ...	იმიტომ, რომ ...	imit'om, rom ...
zu irgendeinem Zweck	რატომღაც	rat'omghats

und	და	da
oder	ან	an
aber	მაგრამ	magram
für (präp)	-თვის	-tvis

zu (~ viele)	მეტისმეტად	met'ismet'ad
nur (~ einmal)	მხოლოდ	mkholod
genau (Adv)	ზუსტად	zust'ad
etwa	თითქმის	titkmis

ungefähr (Adv)	დაახლოებით	daakhloebit
ungefähr (Adj)	დაახლოებითი	daakhloebiti
fast	თითქმის	titkmis
Übrige (n)	დანარჩენი	danarcheni

jeder (~ Mann)	ყოველი	qoveli
beliebig (Adj)	ნებისმიერი	nebismieri
viel	ბევრი	bevri
viele Menschen	ბევრნი	bevrni
alle (wir ~)	ყველა	qvela

im Austausch gegen ...	ნაცვლად	natsvlad
dafür (Adv)	ნაცვლად	natsvlad
mit der Hand (Hand-)	ხელით	khelit
schwerlich (Adv)	საეჭვოა	saech'voa

wahrscheinlich (Adv)	ალბათ	albat
absichtlich (Adv)	განზრახ	ganzrakh
zufällig (Adv)	შემთხვევით	shemtkhvevit

sehr (Adv)	ძალიან	dzalian
zum Beispiel	მაგალითად	magalitad
zwischen	შორის	shoris
unter (Wir sind ~ Mördern)	შორის	shoris
so viele (~ Ideen)	ამდენი	amdeni
besonders (Adv)	განსაკუთრებით	gansak'utrebit

ZAHLEN. VERSCHIEDENES

T&P Books Publishing

7. Grundzahlen. Teil 1

null	ნული	nuli
eins	ერთი	erti
zwei	ორი	ori
drei	სამი	sami
vier	ოთხი	otkhi
fünf	ხუთი	khuti
sechs	ექვსი	ekvsi
sieben	შვიდი	shvidi
acht	რვა	rva
neun	ცხრა	tskhra
zehn	ათი	ati
elf	თერთმეტი	tertmet'i
zwölf	თორმეტი	tormet'i
dreizehn	ცამეტი	tsamet'i
vierzehn	თოთხმეტი	totkhmet'i
fünfzehn	თხუთმეტი	tkhutmet'i
sechzehn	თექვსმეტი	tekvsmet'i
siebzehn	ჩვიდმეტი	chvidmet'i
achtzehn	თვრამეტი	tvramet'i
neunzehn	ცხრამეტი	tskhramet'i
zwanzig	ოცი	otsi
einundzwanzig	ოცდაერთი	otsdaerti
zweiundzwanzig	ოცდაორი	otsdaori
dreiundzwanzig	ოცდასამი	otsdasami
dreißig	ოცდაათი	otsdaati
einunddreißig	ოცდათერთმეტი	otsdatertmet'i
zweiunddreißig	ოცდათორმეტი	otsdatormet'i
dreiunddreißig	ოცდაცამეტი	otsdatsamet'i
vierzig	ორმოცი	ormotsi
einundvierzig	ორმოცდაერთი	ormotsdaerti
zweiundvierzig	ორმოცდაორი	ormotsdaori
dreiundvierzig	ორმოცდასამი	ormotsdasami
fünfzig	ორმოცდაათი	ormotsdaati
einundfünfzig	ორმოცდათერთმეტი	ormotsdatertmet'i
zweiundfünfzig	ორმოცდათორმეტი	ormotsdatormet'i
dreiundfünfzig	ორმოცდაცამეტი	ormotsdatsamet'i
sechzig	სამოცი	samotsi

einundsechzig	სამოცდაერთი	samotsdaerti
zweiundsechzig	სამოცდაორი	samotsdaori
dreiundsechzig	სამოცდასამი	samotsdasami

siebzig	სამოცდაათი	samotsdaati
einundsiebzig	სამოცდათერთმეტი	samotsdatertmet'i
zweiundsiebzig	სამოცდათორმეტი	samotsdatormet'i
dreiundsiebzig	სამოცდაცამეტი	samotsdatsamet'i

achtzig	ოთხმოცი	otkhmotsi
einundachtzig	ოთხმოცდაერთი	otkhmotsdaerti
zweiundachtzig	ოთხმოცდაორი	otkhmotsdaori
dreiundachtzig	ოთხმოცდასამი	otkhmotsdasami

neunzig	ოთხმოცდაათი	otkhmotsdaati
einundneunzig	ოთხმოცდათერთმეტი	otkhmotsdatertmet'i
zweiundneunzig	ოთხმოცდათორმეტი	otkhmotsdatormet'i
dreiundneunzig	ოთხმოცდაცამეტი	otkhmotsdatsamet'i

8. Grundzahlen. Teil 2

einhundert	ასი	asi
zweihundert	ორასი	orasi
dreihundert	სამასი	samasi
vierhundert	ოთხასი	otkhasi
fünfhundert	ხუთასი	khutasi

sechshundert	ექვსასი	ekvsasi
siebenhundert	შვიდასი	shvidasi
achthundert	რვაასი	rvaasi
neunhundert	ცხრაასი	tskhraasi

eintausend	ათასი	atasi
zweitausend	ორი ათასი	ori atasi
dreitausend	სამი ათასი	sami atasi
zehntausend	ათი ათასი	ati atasi
hunderttausend	ასი ათასი	asi atasi
Million (f)	მილიონი	milioni
Milliarde (f)	მილიარდი	miliardi

9. Ordnungszahlen

der erste	პირველი	p'irveli
der zweite	მეორე	meore
der dritte	მესამე	mesame
der vierte	მეოთხე	meotkhe
der fünfte	მეხუთე	mekhute
der sechste	მეექვსე	meekvse

der siebte	მეშვიდე	meshvide
der achte	მერვე	merve
der neunte	მეცხრე	metskhre
der zehnte	მეათე	meate

FARBEN. MASSEINHEITEN

T&P Books Publishing

10. Farben

Farbe (f)	ფერი	peri
Schattierung (f)	ელფერი	elperi
Farbton (m)	ტონი	t'oni
Regenbogen (m)	ცისარტყელა	tsisart'qela

weiß	თეთრი	tetri
schwarz	შავი	shavi
grau	რუხი	rukhi

grün	მწვანე	mts'vane
gelb	ყვითელი	qviteli
rot	წითელი	ts'iteli
blau	ლურჯი	lurji
hellblau	ცისფერი	tsisperi
rosa	ვარდისფერი	vardisperi
orange	ნარინჯისფერი	narinjisperi
violett	იისფერი	iisperi
braun	ყავისფერი	qavisperi

golden	ოქროსფერი	okrosperi
silbrig	ვერცხლისფერი	vertskhlisperi
beige	ჩალისფერი	chalisperi
cremefarben	კრემისფერი	k'remisperi
türkis	ფირუზისფერი	piruzisperi
kirschrot	ალუბლისფერი	alublisperi
lila	ლილისფერი	lilisperi
himbeerrot	ჟოლოსფერი	zholosperi

hell	ღია ფერისა	ghia perisa
dunkel	მუქი	muki
grell	კაშკაშა	k'ashk'asha

Farb- (z.B. -stifte)	ფერადი	peradi
Farb- (z.B. -film)	ფერადი	peradi
schwarz-weiß	შავ-თეთრი	shav-tetri
einfarbig	ერთფეროვანი	ertperovani
bunt	მრავალფეროვანი	mravalperovani

11. Maßeinheiten

Gewicht (n)	წონა	ts'ona
Länge (f)	სიგრძე	sigrdze

Breite (f)	სიგანე	sigane
Höhe (f)	სიმაღლე	simaghle
Tiefe (f)	სიღრმე	sighrme
Volumen (n)	მოცულობა	motsuloba
Fläche (f)	ფართობი	partobi
Gramm (n)	გრამი	grami
Milligramm (n)	მილიგრამი	miligrami
Kilo (n)	კილოგრამი	k'ilogrami
Tonne (f)	ტონა	t'ona
Pfund (n)	გირვანქა	girvanka
Unze (f)	უნცია	untsia
Meter (m)	მეტრი	met'ri
Millimeter (m)	მილიმეტრი	milimet'ri
Zentimeter (m)	სანტიმეტრი	sant'imet'ri
Kilometer (m)	კილომეტრი	k'ilomet'ri
Meile (f)	მილი	mili
Zoll (m)	დუიმი	duimi
Fuß (m)	ფუტი	put'i
Yard (n)	იარდი	iardi
Quadratmeter (m)	კვადრატული მეტრი	k'vadrat'uli met'ri
Hektar (n)	ჰექტარი	hek't'ari
Liter (m)	ლიტრი	lit'ri
Grad (m)	გრადუსი	gradusi
Volt (n)	ვოლტი	volt'i
Ampere (n)	ამპერი	amp'eri
Pferdestärke (f)	ცხენის ძალა	tskhenis dzala
Anzahl (f)	რაოდენობა	raodenoba
etwas ...	ცოტაოდენი ...	tsot'aodeni ...
Hälfte (f)	ნახევარი	nakhevari
Dutzend (n)	დუჟინი	duzhini
Stück (n)	ცალი	tsali
Größe (f)	ზომა	zoma
Maßstab (m)	მასშტაბი	massht'abi
minimal (Adj)	მინიმალური	minimaluri
der kleinste	უმცირესი	umtsiresi
mittler, mittel-	საშუალო	sashualo
maximal (Adj)	მაქსიმალური	maksimaluri
der größte	უდიდესი	udidesi

12. Behälter

Glas (Einmachglas)	ქილა	kila
Dose (z.B. Bierdose)	ქილა	kila

Eimer (m)	ვედრო	vedro
Fass (n), Tonne (f)	კასრი	k'asri
Waschschüssel (n)	ტაშტი	t'asht'i
Tank (m)	ბაკი	bak'i
Flachmann (m)	მათარა	matara
Kanister (m)	კანისტრა	k'anist'ra
Zisterne (f)	ცისტერნა	tsist'erna
Kaffeebecher (m)	კათხა	k'atkha
Tasse (f)	ფინჯანი	pinjani
Untertasse (f)	ლამბაქი	lambaki
Wasserglas (n)	ჭიქა	ch'ika
Weinglas (n)	ბოკალი	bok'ali
Kochtopf (m)	ქვაბი	kvabi
Flasche (f)	ბოთლი	botli
Flaschenhals (m)	ყელი	qeli
Karaffe (f)	გრაფინი	grapini
Tonkrug (m)	დოქი	doki
Gefäß (n)	ჭურჭელი	ch'urch'eli
Tontopf (m)	ქოთანი	kotani
Vase (f)	ლარნაკი	larnak'i
Flakon (n)	ფლაკონი	plak'oni
Fläschchen (n)	შუშა	shusha
Tube (z.B. Zahnpasta)	ტუბი	t'ubi
Sack (~ Kartoffeln)	ტომარა	t'omara
Tüte (z.B. Plastiktüte)	პაკეტი	p'ak'et'i
Schachtel (z.B. Zigaretten~)	შეკვრა	shek'vra
Karton (z.B. Schuhkarton)	კოლოფი	k'olopi
Kiste (z.B. Bananenkiste)	ყუთი	quti
Korb (m)	კალათი	k'alati

DIE WICHTIGSTEN VERBEN

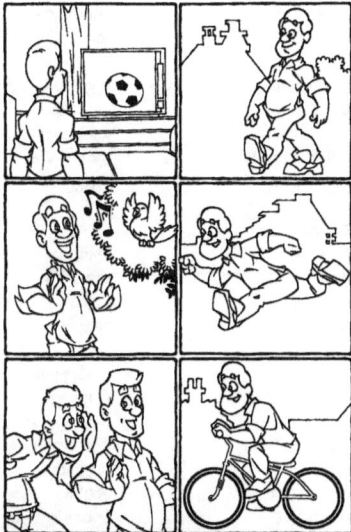

T&P Books Publishing

13. Die wichtigsten Verben. Teil 1

abbiegen (nach links ~)	მობრუნება	mobruneba
abschicken (vt)	გაგზავნა	gagzavna
ändern (vt)	შეცვლა	shetsvla
andeuten (vt)	კარნახი	k'arnakhi
Angst haben	შიში	shishi
ankommen (vi)	ჩამოსვლა	chamosvla
antworten (vi)	პასუხის გაცემა	p'asukhis gatsema
arbeiten (vi)	მუშაობა	mushaoba
auf … zählen	იმედის ქონა	imedis kona
aufbewahren (vt)	შენახვა	shenakhva
aufschreiben (vt)	ჩაწერა	chats'era
ausgehen (vi)	გამოსვლა	gamosvla
aussprechen (vt)	წარმოთქმა	ts'armotkma
bedauern (vt)	სინანული	sinanuli
bedeuten (vt)	აღნიშვნა	aghnishvna
beenden (vt)	დამთავრება	damtavreba
befehlen (Milit.)	ბრძანება	brdzaneba
befreien (Stadt usw.)	გათავისუფლება	gatavisupleba
beginnen (vt)	დაწყება	dats'qeba
bemerken (vt)	შენიშვნა	shenishvna
beobachten (vt)	დაკვირვება	dak'virveba
berühren (vt)	ხელის ხლება	khelis khleba
besitzen (vt)	ფლობა	ploba
besprechen (vt)	განხილვა	gankhilva
bestehen auf	დაჟინება	dazhineba
bestellen (im Restaurant)	შეკვეთა	shek'veta
bestrafen (vt)	დასჯა	dasja
beten (vi)	ლოცვა	lotsva
bitten (vt)	თხოვნა	tkhovna
brechen (vt)	ტეხა	t'ekha
denken (vi, vt)	ფიქრი	pikri
drohen (vi)	დამუქრება	damukreba
einladen (vt)	მოწვევა	mots'veva
einstellen (vt)	შეწყვეტა	shets'qvet'a
einwenden (vt)	წინააღმდეგ ყოფნა	ts'inaaghmdeg qopna
empfehlen (vt)	რეკომენდაციის მიცემა	rek'omendatsiis mitsema
erklären (vt)	ახსნა	akhsna
erlauben (vt)	ნების დართვა	nebis dartva

ermorden (vt)	მოკვლა	mok'vla
erwähnen (vt)	ხსენება	khseneba
existieren (vi)	არსებობა	arseboba

14. Die wichtigsten Verben. Teil 2

fallen (vi)	ვარდნა	vardna
fallen lassen	ხელიდან გავარდნა	khelidan gavardna
fangen (vt)	ჭერა	ch'era
finden (vt)	პოვნა	p'ovna
fliegen (vi)	ფრენა	prena

folgen (Folge mir!)	მიდევნა	midevna
fortsetzen (vt)	გაგრძელება	gagrdzeleba
fragen (vt)	კითხვა	k'itkhva
frühstücken (vi)	საუზმობა	sauzmoba
geben (vt)	მიცემა	mitsema

gefallen (vi)	მოწონება	mots'oneba
gehen (zu Fuß gehen)	სვლა	svla
gehören (vi)	კუთვნება	k'utvneba
graben (vt)	თხრა	tkhra
haben (Gegenstand)	ქონა	kona

haben (Lebewesen)	ყოლა	qola
helfen (vi)	დახმარება	dakhmareba
herabsteigen (vi)	ჩასვლა	chasvla
hereinkommen (vi)	შემოსვლა	shemosvla

hoffen (vi)	იმედოვნება	imedovneba
hören (vt)	სმენა	smena
informieren (vt)	ინფორმირება	inpormireba
jagen (vi)	ნადირობა	nadiroba

kennen (vt)	ცნობა	tsnoba
klagen (vi)	ჩივილი	chivili
können (v mod)	შეძლება	shedzleba
kontrollieren (vt)	კონტროლის გაწევა	k'ont'rolis gats'eva
kosten (vt)	ღირება	ghireba

kränken (vt)	შეურაცხყოფა	sheuratskhqopa
lächeln (vi)	გაღიმება	gaghimeba
lachen (vi)	სიცილი	sitsili
laufen (vi)	გაქცევა	gaktseva
leiten (Betrieb usw.)	ხელმძღვანელობა	khelmdzghvaneloba

lernen (vt)	შესწავლა	shests'avla
lesen (vi, vt)	კითხვა	k'itkhva
lieben (vt)	სიყვარული	siqvaruli
machen (vt)	კეთება	k'eteba

mieten (Haus usw.)	დაქირავება	dakiraveba
nehmen (vt)	აღება	agheba
noch einmal sagen	გამეორება	gameoreba
nötig sein	საჭიროება	sach'iroeba
öffnen (vt)	გაღება	gagheba

15. Die wichtigsten Verben. Teil 3

planen (vt)	დაგეგმვა	dagegmva
prahlen (vi)	ტრაბახი	t'rabakhi
raten (vt)	რჩევა	rcheva
rechnen (vt)	დათვლა	datvla
reservieren (vt)	რეზერვირება	rezervireba

retten (vt)	გადარჩენა	gadarchena
richtig raten (vt)	გამოცნობა	gamotsnoba
rufen (um Hilfe ~)	დაძახება	dadzakheba
sagen (vt)	თქმა	tkma
schaffen (Etwas Neues zu ~)	შექმნა	shekmna

schelten (vt)	ლანძღვა	landzghva
schießen (vi)	სროლა	srola
schmücken (vt)	მორთვა	mortva

| schreiben (vi, vt) | წერა | ts'era |
| schreien (vi) | ყვირილი | qvirili |

| schweigen (vi) | დუმილი | dumili |
| schwimmen (vi) | ცურვა | tsurva |

| schwimmen gehen | ბანაობა | banaoba |
| sehen (vi, vt) | ხედვა | khedva |

sein (vi)	ყოფნა	qopna
sich beeilen	აჩქარება	achkareba
sich entschuldigen	ბოდიშის მოხდა	bodishis mokhda

sich interessieren	დაინტერესება	daint'ereseba
sich irren	შეცდომა	shetsdoma
sich setzen	დაჯდომა	dajdoma

| sich weigern | უარის თქმა | uaris tkma |
| spielen (vi, vt) | თამაში | tamashi |

sprechen (vi)	ლაპარაკი	lap'arak'i
staunen (vi)	გაკვირვება	gak'virveba
stehlen (vt)	პარვა	p'arva
stoppen (vt)	გაჩერება	gachereba
suchen (vt)	ძებნა	dzebna

16. Die wichtigsten Verben. Teil 4

täuschen (vt)	მოტყუება	mot'queba
teilnehmen (vi)	მონაწილეობა	monats'ileoba
übersetzen (Buch usw.)	თარგმნა	targmna
unterschätzen (vt)	არშეფასება	arshepaseba
unterschreiben (vt)	ხელის მოწერა	khelis mots'era

vereinigen (vt)	გაერთიანება	gaertianeba
vergessen (vt)	დავიწყება	davits'qeba
vergleichen (vt)	შედარება	shedareba
verkaufen (vt)	გაყიდვა	gaqidva
verlangen (vt)	მოთხოვნა	motkhovna

versäumen (vt)	გაცდენა	gatsdena
versprechen (vt)	დაპირება	dap'ireba
verstecken (vt)	დამალვა	damalva
verstehen (vt)	გაგება	gageba
versuchen (vt)	ცდა	tsda

verteidigen (vt)	დაცვა	datsva
vertrauen (vi)	ნდობა	ndoba
verwechseln (vt)	არევა	areva
verzeihen (vt)	პატიება	p'at'ieba
voraussehen (vt)	გათვალისწინება	gatvalists'ineba

vorschlagen (vt)	შეთავაზება	shetavazeba
vorziehen (vt)	მჯობინება	mjobineba
wählen (vt)	არჩევა	archeva
warnen (vt)	გაფრთხილება	gaprtkhileba
warten (vi)	ლოდინი	lodini
weinen (vi)	ტირილი	t'irili

wissen (vt)	ცოდნა	tsodna
Witz machen	ხუმრობა	khumroba
wollen (vt)	ნდომა	ndoma
zahlen (vt)	გადახდა	gadakhda
zeigen (jemandem etwas)	ჩვენება	chveneba

zu Abend essen	ვახშმობა	vakhshmoba
zu Mittag essen	სადილობა	sadiloba
zubereiten (vt)	მზადება	mzadeba
zustimmen (vi)	დათანხმება	datankhmeba
zweifeln (vi)	დაეჭვება	daech'veba

ZEIT. KALENDER

T&P Books Publishing

17. Wochentage

Montag (m)	ორშაბათი	orshabati
Dienstag (m)	სამშაბათი	samshabati
Mittwoch (m)	ოთხშაბათი	otkhshabati
Donnerstag (m)	ხუთშაბათი	khutshabati
Freitag (m)	პარასკევი	p'arask'evi
Samstag (m)	შაბათი	shabati
Sonntag (m)	კვირა	k'vira

heute	დღეს	dghes
morgen	ხვალ	khval
übermorgen	ზეგ	zeg
gestern	გუშინ	gushin
vorgestern	გუშინწინ	gushints'in

Tag (m)	დღე	dghe
Arbeitstag (m)	სამუშაო დღე	samushao dghe
Feiertag (m)	სადღესასწაულო დღე	sadghesasts'aulo dghe
freier Tag (m)	დასვენების დღე	dasvenebis dghe
Wochenende (n)	დასვენების დღეები	dasvenebis dgheebi

den ganzen Tag	მთელი დღე	mteli dghe
am nächsten Tag	მომდევნო დღეს	momdevno dghes
zwei Tage vorher	ორი დღის წინ	ori dghis ts'in
am Vortag	წინადღეს	ts'inadghes
täglich (Adj)	ყოველდღიური	qoveldghiuri
täglich (Adv)	ყოველდღიურად	qoveldghiurad

Woche (f)	კვირა	k'vira
letzte Woche	გასულ კვირას	gasul k'viras
nächste Woche	მომდევნო კვირას	momdevno k'viras
wöchentlich (Adj)	ყოველკვირეული	qovelk'vireuli
wöchentlich (Adv)	ყოველკვირეულად	qovelk'vireulad
zweimal pro Woche	კვირაში ორჯერ	k'virashi orjer
jeden Dienstag	ყოველ სამშაბათს	qovel samshabats

18. Stunden. Tag und Nacht

Morgen (m)	დილა	dila
morgens	დილით	dilit
Mittag (m)	შუადღე	shuadghe
nachmittags	სადილის შემდეგ	sadilis shemdeg
Abend (m)	საღამო	saghamo

abends	საღამოს	saghamos
Nacht (f)	ღამე	ghame
nachts	ღამით	ghamit
Mitternacht (f)	შუაღამე	shuaghame

Sekunde (f)	წამი	ts'ami
Minute (f)	წუთი	ts'uti
Stunde (f)	საათი	saati
eine halbe Stunde	ნახევარი საათი	nakhevari saati
Viertelstunde (f)	თხუთმეტი წუთი	tkhutmet'i ts'uti
fünfzehn Minuten	თხუთმეტი წუთი	tkhutmet'i ts'uti
Tag und Nacht	დღე-ღამე	dghe-ghame

Sonnenaufgang (m)	მზის ამოსვლა	mzis amosvla
Morgendämmerung (f)	განთიადი	gantiadi
früher Morgen (m)	ადრიანი დილა	adriani dila
Sonnenuntergang (m)	მზის ჩასვლა	mzis chasvla

früh am Morgen	დილით ადრე	dilit adre
heute Morgen	დღეს დილით	dghes dilit
morgen früh	ხვალ დილით	khval dilit

heute Mittag	დღეს	dghes
nachmittags	სადილის შემდეგ	sadilis shemdeg
morgen Nachmittag	ხვალ სადილის შემდეგ	khval sadilis shemdeg

| heute Abend | დღეს საღამოს | dghes saghamos |
| morgen Abend | ხვალ საღამოს | khval saghamos |

Punkt drei Uhr	ზუსტად სამ საათზე	zust'ad sam saatze
gegen vier Uhr	დაახლოებით ოთხი საათი	daakhloebit otkhi saati
um zwölf Uhr	თორმეტი საათისთვის	tormet'i saatistvis

in zwanzig Minuten	ოც წუთში	ots ts'utshi
in einer Stunde	ერთ საათში	ert saatshi
rechtzeitig (Adv)	დროულად	droulad

Viertel vor ...	თხუთმეტი წუთი აკლია	tkhutmet'i ts'uti ak'lia
innerhalb einer Stunde	საათის განმავლობაში	saatis ganmavlobashi
alle fünfzehn Minuten	ყოველ თხუთმეტ წუთში	qovel tkhutmet' ts'utshi
Tag und Nacht	დღე-ღამის განმავლობაში	dghe-ghamis ganmavlobashi

19. Monate. Jahreszeiten

Januar (m)	იანვარი	ianvari
Februar (m)	თებერვალი	tebervali
März (m)	მარტი	mart'i
April (m)	აპრილი	ap'rili

Mai (m)	მაისი	maisi
Juni (m)	ივნისი	ivnisi

Juli (m)	ივლისი	ivlisi
August (m)	აგვისტო	agvist'o
September (m)	სექტემბერი	sekt'emberi
Oktober (m)	ოქტომბერი	okt'omberi
November (m)	ნოემბერი	noemberi
Dezember (m)	დეკემბერი	dek'emberi

Frühling (m)	გაზაფხული	gazapkhuli
im Frühling	გაზაფხულზე	gazapkhulze
Frühlings-	გაზაფხულისა	gazapkhulisa

Sommer (m)	ზაფხული	zapkhuli
im Sommer	ზაფხულში	zapkhulshi
Sommer-	ზაფხულისა	zapkhulisa

Herbst (m)	შემოდგომა	shemodgoma
im Herbst	შემოდგომაზე	shemodgomaze
Herbst-	შემოდგომისა	shemodgomisa

Winter (m)	ზამთარი	zamtari
im Winter	ზამთარში	zamtarshi
Winter-	ზამთრის	zamtris

Monat (m)	თვე	tve
in diesem Monat	ამ თვეში	am tveshi
nächsten Monat	მომდევნო თვეს	momdevno tves
letzten Monat	გასულ თვეს	gasul tves

vor einem Monat	ერთი თვის წინ	erti tvis ts'in
über eine Monat	ერთი თვის შემდეგ	erti tvis shemdeg
in zwei Monaten	ორი თვის შემდეგ	ori tvis shemdeg
den ganzen Monat	მთელი თვე	mteli tve

monatlich (Adj)	ყოველთვიური	qoveltviuri
monatlich (Adv)	ყოველთვიურად	qoveltviurad
jeden Monat	ყოველ თვე	qovel tve
zweimal pro Monat	თვეში ორჯერ	tveshi orjer

Jahr (n)	წელი	ts'eli
dieses Jahr	წელს	ts'els
nächstes Jahr	მომავალ წელს	momaval ts'els
voriges Jahr	შარშან	sharshan

vor einem Jahr	ერთი წლის წინ	erti ts'lis ts'in
in einem Jahr	ერთი წლის შემდეგ	erti ts'lis shemdeg
in zwei Jahren	ორი წლის შემდეგ	ori ts'lis shemdeg
das ganze Jahr	მთელი წელი	mteli ts'eli
jedes Jahr	ყოველ წელს	qovel ts'els
jährlich (Adj)	ყოველწლიური	qovelts'liuri

jährlich (Adv)	ყოველწლიურად	qovelts'liurad
viermal pro Jahr	წელიწადში ოთხჯერ	ts'elits'adshi otkhjer
Datum (heutige ~)	რიცხვი	ritskhvi
Datum (Geburts-)	თარიღი	tarighi
Kalender (m)	კალენდარი	k'alendari
ein halbes Jahr	ნახევარი წელი	nakhevari ts'eli
Halbjahr (n)	ნახევარწელი	nakhevarts'eli
Saison (f)	სეზონი	sezoni
Jahrhundert (n)	საუკუნე	sauk'une

T&P BOOKS

REISEN. HOTEL

USD	CAD
EUR	CHF
JPY	HKD
GBP	CNY

RECEPTION

T&P Books Publishing

20. Ausflug. Reisen

Tourismus (m)	ტურიზმი	t'urizmi
Tourist (m)	ტურისტი	t'urist'i
Reise (f)	მოგზაურობა	mogzauroba
Abenteuer (n)	თავგადასავალი	tavgadasavali
Fahrt (f)	ხანმოკლე მოგზაურობა	khanmok'le mogzauroba
Urlaub (m)	შვებულება	shvebuleba
auf Urlaub sein	შვებულებაში ყოფნა	shvebulebashi qopna
Erholung (f)	დასვენება	dasveneba
Zug (m)	მატარებელი	mat'arebeli
mit dem Zug	მატარებლით	mat'areblit
Flugzeug (n)	თვითმფრინავი	tvitmprinavi
mit dem Flugzeug	თვითმფრინავით	tvitmprinavit
mit dem Auto	ავტომობილით	avt'omobilit
mit dem Schiff	გემით	gemit
Gepäck (n)	ბარგი	bargi
Koffer (m)	ჩემოდანი	chemodani
Gepäckwagen (m)	ურიკა	urik'a
Pass (m)	პასპორტი	p'asp'ort'i
Visum (n)	ვიზა	viza
Fahrkarte (f)	ბილეთი	bileti
Flugticket (n)	ავიაბილეთი	aviabileti
Reiseführer (m)	მეგზური	megzuri
Landkarte (f)	რუკა	ruk'a
Gegend (f)	ადგილი	adgili
Ort (wunderbarer ~)	ადგილი	adgili
Exotika (pl)	ეგზოტიკა	egzot'ik'a
exotisch	ეგზოტიკური	egzot'ik'uri
erstaunlich (Adj)	საოცარი	saotsari
Gruppe (f)	ჯგუფი	jgupi
Ausflug (m)	ექსკურსია	eksk'ursia
Reiseleiter (m)	ექსკურსიის მძღოლი	eksk'ursiis mdzgholi

21. Hotel

Hotel (n)	სასტუმრო	sast'umro
Motel (n)	მოტელი	mot'eli

drei Sterne	სამი ვარსკვლავი	sami varsk'vlavi
fünf Sterne	ხუთი ვარსკვლავი	khuti varsk'vlavi
absteigen (vi)	გაჩერება	gachereba
Hotelzimmer (n)	ნომერი	nomeri
Einzelzimmer (n)	ერთადგილიანი ნომერი	ertadgiliani nomeri
Zweibettzimmer (n)	ორადგილიანი ნომერი	oradgiliani nomeri
reservieren (vt)	ნომერის დაჯავშნა	nomeris dajavshna
Halbpension (f)	ნახევარპანსიონი	nakhevarp'ansioni
Vollpension (f)	სრული პანსიონი	sruli p'ansioni
mit Bad	სააბაზანოთი	saabazanoti
mit Dusche	შხაპით	shkhap'it
Satellitenfernsehen (n)	თანამგზავრული ტელევიზია	tanamgzavruli t'elevizia
Klimaanlage (f)	კონდიციონერი	k'onditsioneri
Handtuch (n)	პირსახოცი	p'irsakhotsi
Schlüssel (m)	გასაღები	gasaghebi
Verwalter (m)	ადმინისტრატორი	administ'rat'ori
Zimmermädchen (n)	მოახლე	moakhle
Träger (m)	მებარგული	mebarguli
Portier (m)	პორტიე	p'ort'ie
Restaurant (n)	რესტორანი	rest'orani
Bar (f)	ბარი	bari
Frühstück (n)	საუზმე	sauzme
Abendessen (n)	ვახშამი	vakhshami
Buffet (n)	შვედური მაგიდა	shveduri magida
Foyer (n)	ვესტიბიული	vest'ibiuli
Aufzug (m), Fahrstuhl (m)	ლიფტი	lipt'i
BITTE NICHT STÖREN!	ნუ შემაწუხებთ	nu shemats'ukhebt
RAUCHEN VERBOTEN!	ნუ მოსწევთ!	nu mosts'evt!

22. Sehenswürdigkeiten

Denkmal (n)	ძეგლი	dzegli
Festung (f)	ციხე-სიმაგრე	tsikhe-simagre
Palast (m)	სასახლე	sasakhle
Schloss (n)	ციხე-დარბაზი	tsikhe-darbazi
Turm (m)	კოშკი	k'oshk'i
Mausoleum (n)	მავზოლეუმი	mavzoleumi
Architektur (f)	არქიტექტურა	arkit'ekt'ura
mittelalterlich	შუა საუკუნეებისა	shua sauk'uneebisa
alt (antik)	ძველებური	dzveleburi
national	ეროვნული	erovnuli

berühmt	ცნობილი	tsnobili
Tourist (m)	ტურისტი	t'urist'i
Fremdenführer (m)	გიდი	gidi
Ausflug (m)	ექსკურსია	eksk'ursia
zeigen (vt)	ჩვენება	chveneba
erzählen (vt)	მოთხრობა	motkhroba
finden (vt)	პოვნა	p'ovna
sich verlieren	დაკარგვა	dak'argva
Karte (U-Bahn ~)	სქემა	skema
Karte (Stadt-)	გეგმა	gegma
Souvenir (n)	სუვენირი	suveniri
Souvenirladen (m)	სუვენირების მაღაზია	suvenirebis maghazia
fotografieren (vt)	სურათის გადაღება	suratis gadagheba
sich fotografieren	სურათის გადაღება	suratis gadagheba

T&P BOOKS

TRANSPORT

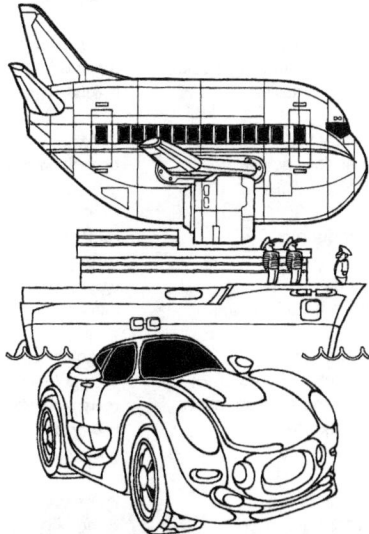

T&P Books Publishing

23. Flughafen

Flughafen (m)	აეროპორტი	aerop'ort'i
Flugzeug (n)	თვითმფრინავი	tvitmprinavi
Fluggesellschaft (f)	ავიაკომპანია	aviak'omp'ania
Fluglotse (m)	დისპეჩერი	disp'echeri

Abflug (m)	გაფრენა	gaprena
Ankunft (f)	მოფრენა	moprena
anfliegen (vi)	მოფრენა	moprena

| Abflugzeit (f) | გაფრენის დრო | gaprenis dro |
| Ankunftszeit (f) | მოფრენის დრო | moprenis dro |

| sich verspäten | დაგვიანება | dagvianeba |
| Abflugverspätung (f) | გაფრენის დაგვიანება | gaprenis dagvianeba |

Anzeigetafel (f)	საინფორმაციო ტაბლო	sainpormatsio t'ablo
Information (f)	ინფორმაცია	inpormatsia
ankündigen (vt)	გამოცხადება	gamotskhadeba
Flug (m)	რეისი	reisi

| Zollamt (n) | საბაჟო | sabazho |
| Zollbeamter (m) | მებაჟე | mebazhe |

Zolldeklaration (f)	დეკლარაცია	dek'laratsia
die Zollerklärung ausfüllen	დეკლარაციის შევსება	dek'laratsiis shevseba
Passkontrolle (f)	საპასპორტო კონტროლი	sap'asp'ort'o k'ont'roli

Gepäck (n)	ბარგი	bargi
Handgepäck (n)	ხელის ბარგი	khelis bargi
Kofferkuli (m)	ურიკა	urik'a

Landung (f)	დაჯდომა	dajdoma
Landebahn (f)	დასაფრენი ზოლი	dasapreni zoli
landen (vi)	დაჯდომა	dajdoma
Fluggasttreppe (f)	ტრაპი	t'rap'i

Check-in (n)	რეგისტრაცია	regist'ratsia
Check-in-Schalter (m)	სარეგისტრაციო დგარი	saregist'ratsio dgari
sich registrieren lassen	დარეგისტრირება	daregist'rireba
Bordkarte (f)	ჩასაჯდომი ტალონი	chasajdomi t'aloni
Abfluggate (n)	გასვლა	gasvla

| Transit (m) | ტრანზიტი | t'ranzit'i |
| warten (vi) | ლოდინი | lodini |

Wartesaal (m)	მოსაცდელი დარბაზი	mosatsdeli darbazi
begleiten (vt)	გაცილება	gatsileba
sich verabschieden	გამომშვიდობება	gamomshvidobeba

24. Flugzeug

Flugzeug (n)	თვითმფრინავი	tvitmprinavi
Flugticket (n)	ავიაბილეთი	aviabileti
Fluggesellschaft (f)	ავიაკომპანია	aviak'omp'ania
Flughafen (m)	აეროპორტი	aerop'ort'i
Überschall-	ზებგერითი	zebgeriti

Flugkapitän (m)	ხომალდის მეთაური	khomaldis metauri
Besatzung (f)	ეკიპაჟი	ek'ip'azhi
Pilot (m)	პილოტი	p'ilot'i
Flugbegleiterin (f)	სტიუარდესა	st'iuardesa
Steuermann (m)	შტურმანი	sht'urmani

Flügel (pl)	ფრთები	prtebi
Schwanz (m)	კუდი	k'udi
Kabine (f)	კაბინა	k'abina
Motor (m)	ძრავი	dzravi
Fahrgestell (n)	შასი	shasi
Turbine (f)	ტურბინა	t'urbina

Propeller (m)	პროპელერი	p'rop'eleri
Flugschreiber (m)	შავი ყუთი	shavi quti
Steuerrad (n)	საჭევრი	sach'evri
Treibstoff (m)	საწვავი	sats'vavi

Sicherheitskarte (f)	ინსტრუქცია	inst'ruktsia
Sauerstoffmaske (f)	ჟანგბადის ნიღაბი	zhangbadis nighabi
Uniform (f)	უნიფორმა	uniporma
Rettungsweste (f)	სამაშველო ჟილეტი	samashvelo zhilet'i
Fallschirm (m)	პარაშუტი	p'arashut'i

Abflug, Start (m)	აფრენა	aprena
starten (vi)	აფრენა	aprena
Startbahn (f)	ასაფრენი ზოლი	asapreni zoli

Sicht (f)	ხილვადობა	khilvadoba
Flug (m)	ფრენა	prena
Höhe (f)	სიმაღლე	simaghle
Luftloch (n)	ჰაერის ორმო	haeris ormo

Platz (m)	ადგილი	adgili
Kopfhörer (m)	საყურისი	saqurisi
Klapptisch (m)	გადასაწევი მაგიდა	gadasats'evi magida
Bullauge (n)	ილუმინატორი	iluminat'ori
Durchgang (m)	გასასვლელი	gasasvleli

25. Zug

Zug (m)	მატარებელი	mat'arebeli
elektrischer Zug (m)	ელექტრომატარებელი	elekt'romat'arebeli
Schnellzug (m)	ჩქაროსნული მატარებელი	chkarosnuli mat'arebeli
Diesellok (f)	თბომავალი	tbomavali
Dampflok (f)	ორთქლმავალი	ortklmavali
Personenwagen (m)	ვაგონი	vagoni
Speisewagen (m)	ვაგონი-რესტორანი	vagoni-rest'orani
Schienen (pl)	რელსი	relsi
Eisenbahn (f)	რკინიგზა	rk'inigza
Bahnschwelle (f)	შპალი	shp'ali
Bahnsteig (m)	პლატფორმა	p'latporma
Gleis (n)	ლიანდაგი	liandagi
Eisenbahnsignal (n)	სემაფორი	semapori
Station (f)	სადგური	sadguri
Lokomotivführer (m)	მემანქანე	memankane
Träger (m)	მებარგული	mebarguli
Schaffner (m)	გამყოლი	gamqoli
Fahrgast (m)	მგზავრი	mgzavri
Fahrkartenkontrolleur (m)	კონტროლიორი	k'ont'roliori
Flur (m)	დერეფანი	derepani
Notbremse (f)	სტოპ-კრანი	st'op'-k'rani
Abteil (n)	კუპე	k'up'e
Liegeplatz (m), Schlafkoje (f)	თარო	taro
oberer Liegeplatz (m)	ზედა თარო	zeda taro
unterer Liegeplatz (m)	ქვედა თარო	kveda taro
Bettwäsche (f)	თეთრეული	tetreuli
Fahrkarte (f)	ბილეთი	bileti
Fahrplan (m)	განრიგი	ganrigi
Anzeigetafel (f)	ტაბლო	t'ablo
abfahren (der Zug)	გასვლა	gasvla
Abfahrt (f)	გამგზავრება	gamgzavreba
ankommen (der Zug)	ჩამოსვლა	chamosvla
Ankunft (f)	ჩამოსვლა	chamosvla
mit dem Zug kommen	მატარებლით მოსვლა	mat'areblit mosvla
in den Zug einsteigen	მატარებელში ჩაჯდომა	mat'arebelshi chajdoma
aus dem Zug aussteigen	მატარებლიდან ჩამოსვლა	mat'areblidan chamosvla
Zugunglück (n)	მარცხი	martskhi
entgleisen (vi)	რელსებიდან გადასვლა	relsebidan gadasvla

Dampflok (f)	ორთქლმავალი	ortklmavali
Heizer (m)	ცეცხლფარეში	tsetskhlpareshi
Feuerbüchse (f)	საცეცხლე	satsetskhle
Kohle (f)	ნახშირი	nakhshiri

26. Schiff

| Schiff (n) | გემი | gemi |
| Fahrzeug (n) | ხომალდი | khomaldi |

Dampfer (m)	ორთქლმავალი	ortklmavali
Motorschiff (n)	თბომავალი	tbomavali
Kreuzfahrtschiff (n)	ლაინერი	laineri
Kreuzer (m)	კრეისერი	k'reiseri

Jacht (f)	იახტა	iakht'a
Schlepper (m)	ბუქსირი	buksiri
Lastkahn (m)	ბარჟა	barzha
Fähre (f)	ბორანი	borani

| Segelschiff (n) | იალქნიანი გემი | ialkniani gemi |
| Brigantine (f) | ბრიგანტინა | brigant'ina |

| Eisbrecher (m) | ყინულმჭრელი | qinulmch'reli |
| U-Boot (n) | წყალქვეშა ნავი | ts'qalkvesha navi |

Boot (n)	ნავი	navi
Dingi (n), Beiboot (n)	კანჯო	k'anjo
Rettungsboot (n)	მაშველი კანჯო	mashveli k'anjo
Motorboot (n)	კატარღა	k'at'argha

Kapitän (m)	კაპიტანი	k'ap'it'ani
Matrose (m)	მატროსი	mat'rosi
Seemann (m)	მეზღვაური	mezghvauri
Besatzung (f)	ეკიპაჟი	ek'ip'azhi

Bootsmann (m)	ბოცმანი	botsmani
Schiffsjunge (m)	იუნგა	iunga
Schiffskoch (m)	კოკი	k'ok'i
Schiffsarzt (m)	გემის ექიმი	gemis ekimi

Deck (n)	გემბანი	gembani
Mast (m)	ანძა	andza
Segel (n)	იალქანი	ialkani

Schiffsraum (m)	ტრიუმი	t'riumi
Bug (m)	ცხვირი	tskhviri
Heck (n)	კიჩო	k'icho
Ruder (n)	ნიჩაბი	nichabi
Schraube (f)	ხრახნი	khrakhni

Kajüte (f)	კაიუტა	k'aiut'a
Messe (f)	კაიუტკომპანია	k'aiut'k'omp'ania
Maschinenraum (m)	სამანქანო განყოფილება	samankano ganqopileba
Kommandobrücke (f)	კაპიტნის ხიდურა	k'ap'it'nis khidura
Funkraum (m)	რადიოჯიხური	radiojikhuri
Radiowelle (f)	ტალღა	t'algha
Schiffstagebuch (n)	გემის ჟურნალი	gemis zhurnali

Fernrohr (n)	ჭოგრი	ch'ogri
Glocke (f)	ზარი	zari
Fahne (f)	დროშა	drosha

Seil (n)	ბაგირი	bagiri
Knoten (m)	კვანძი	k'vandzi

Geländer (n)	სახელური	sakheluri
Treppe (f)	ტრაპი	t'rap'i

Anker (m)	ღუზა	ghuza
den Anker lichten	ღუზის ამოწევა	ghuzis amots'eva
Anker werfen	ღუზის ჩაშვება	ghuzis chashveba
Ankerkette (f)	ღუზის ჯაჭვი	ghuzis jach'vi

Hafen (m)	ნავსადგური	navsadguri
Anlegestelle (f)	მისადგომი	misadgomi
anlegen (vi)	მიდგომა	midgoma
abstoßen (vt)	ნაპირს მოცილება	nap'irs motsileba

Reise (f)	მოგზაურობა	mogzauroba
Kreuzfahrt (f)	კრუიზი	k'ruizi
Kurs (m), Richtung (f)	კურსი	k'ursi
Reiseroute (f)	მარშრუტი	marshrut'i

Fahrwasser (n)	ფარვატერი	parvat'eri
Untiefe (f)	თავთხელი	tavtkheli
stranden (vi)	თავთხელზე დაჯდომა	tavtkhelze dajdoma

Sturm (m)	ქარიშხალი	karishkhali
Signal (n)	სიგნალი	signali
untergehen (vi)	ჩაძირვა	chadzirva
Mann über Bord!	ადამიანი ბორტს იქით!	adamiani bort's ikit!
SOS	სოს	sos
Rettungsring (m)	საშველი რგოლი	sashveli rgoli

T&P BOOKS

STADT

T&P Books Publishing

27. Innerstädtischer Transport

Bus (m)	ავტობუსი	avt'obusi
Straßenbahn (f)	ტრამვაი	t'ramvai
Obus (m)	ტროლეიბუსი	t'roleibusi
Linie (f)	მარშრუტი	marshrut'i
Nummer (f)	ნომერი	nomeri

mit … fahren	მგზავრობა	mgzavroba
einsteigen (vi)	ჩაჯდომა	chajdoma
aussteigen (aus dem Bus)	ჩამოსვლა	chamosvla

Haltestelle (f)	გაჩერება	gachereba
nächste Haltestelle (f)	შემდეგი გაჩერება	shemdegi gachereba
Endhaltestelle (f)	ბოლო გაჩერება	bolo gachereba
Fahrplan (m)	განრიგი	ganrigi
warten (vi, vt)	ლოდინი	lodini

Fahrkarte (f)	ბილეთი	bileti
Fahrpreis (m)	ბილეთის ღირებულება	biletis ghirebuleba

Kassierer (m)	მოლარე	molare
Fahrkartenkontrolle (f)	კონტროლი	k'ont'roli
Fahrkartenkontrolleur (m)	კონტროლიორი	k'ont'roliori

sich verspäten	დაგვიანება	dagvianeba
versäumen (Zug usw.)	დაგვიანება	dagvianeba
sich beeilen	აჩქარება	achkareba

Taxi (n)	ტაქსი	t'aksi
Taxifahrer (m)	ტაქსისტი	t'aksist'i
mit dem Taxi	ტაქსით	t'aksit
Taxistand (m)	ტაქსის სადგომი	t'aksis sadgomi
ein Taxi rufen	ტაქსის გამოძახება	t'aksis gamodzakheba
ein Taxi nehmen	ტაქსის აყვანა	t'aksis aqvana

Straßenverkehr (m)	ქუჩაში მოძრაობა	kuchashi modzraoba
Stau (m)	საცობი	satsobi
Hauptverkehrszeit (f)	პიკის საათები	p'ik'is saatebi
parken (vi)	პარკირება	p'ark'ireba
parken (vt)	პარკირება	p'ark'ireba
Parkplatz (m)	სადგომი	sadgomi

U-Bahn (f)	მეტრო	met'ro
Station (f)	სადგური	sadguri
mit der U-Bahn fahren	მეტროთი მგზავრობა	met'roti mgzavroba

Zug (m)   მატარებელი   mat'arebeli
Bahnhof (m)   ვაგზალი   vagzali

28. Stadt. Leben in der Stadt

Stadt (f)	ქალაქი	kalaki
Hauptstadt (f)	დედაქალაქი	dedakalaki
Dorf (n)	სოფელი	sopeli

Stadtplan (m)	ქალაქის გეგმა	kalakis gegma
Stadtzentrum (n)	ქალაქის ცენტრი	kalakis tsent'ri
Vorort (m)	გარეუბანი	gareubani
Vorort-	გარეუბნისა	gareubnisa

Stadtrand (m)	გარეუბანი	gareubani
Umgebung (f)	მიდამოები	midamoebi
Stadtviertel (n)	კვარტალი	k'vart'ali
Wohnblock (m)	საცხოვრებელი კვარტალი	satskhovrebeli k'vart'ali

Straßenverkehr (m)	ქუჩაში მოძრაობა	kuchashi modzraoba
Ampel (f)	შუქნიშანი	shuknishani
Stadtverkehr (m)	ქალაქის ტრანსპორტი	kalakis t'ransp'ort'i
Straßenkreuzung (f)	გზაჯვარედინი	gzajvaredini

Übergang (m)	საქვეითო გადასასვლელი	sakveito gadasasvleli
Fußgängerunterführung (f)	მიწისქვეშა გადასასვლელი	mits'iskvesha gadasasvleli
überqueren (vt)	გადასვლა	gadasvla
Fußgänger (m)	ფეხით მოსიარულე	pekhit mosiarule
Gehweg (m)	ტროტუარი	t'rot'uari

Brücke (f)	ხიდი	khidi
Kai (m)	სანაპირო	sanap'iro

Allee (f)	ხეივანი	kheivani
Park (m)	პარკი	p'ark'i
Boulevard (m)	ბულვარი	bulvari
Platz (m)	მოედანი	moedani
Avenue (f)	გამზირი	gamziri
Straße (f)	ქუჩა	kucha
Gasse (f)	შესახვევი	shesakhvevi
Sackgasse (f)	ჩიხი	chikhi

Haus (n)	სახლი	sakhli
Gebäude (n)	შენობა	shenoba
Wolkenkratzer (m)	ცათამბჯენი	tsatambjeni

Fassade (f)	ფასადი	pasadi
Dach (n)	სახურავი	sakhuravi
Fenster (n)	ფანჯარა	panjara

Bogen (m)	თაღი	taghi
Säule (f)	სვეტი	svet'i
Ecke (f)	კუთხე	k'utkhe

Schaufenster (n)	ვიტრინა	vit'rina
Firmenschild (n)	აბრა	abra
Anschlag (m)	აფიშა	apisha
Werbeposter (m)	სარეკლამო პლაკატი	sarek'lamo p'lak'at'i
Werbeschild (n)	სარეკლამო ფარი	sarek'lamo pari

Müll (m)	ნაგავი	nagavi
Mülleimer (m)	ურნა	urna
Abfall wegwerfen	მონაგვიანება	monagvianeba
Mülldeponie (f)	ნაგავსაყრელი	nagavsaqreli

Telefonzelle (f)	სატელეფონო ჯიხური	sat'elepono jikhuri
Straßenlaterne (f)	ფარნის ბოძი	parnis bodzi
Bank (Park-)	სკამი	sk'ami

Polizist (m)	პოლიციელი	p'olitsieli
Polizei (f)	პოლიცია	p'olitsia
Bettler (m)	მათხოვარი	matkhovari
Obdachlose (m)	უსახლკარო	usakhlk'aro

29. Innerstädtische Einrichtungen

Laden (m)	მაღაზია	maghazia
Apotheke (f)	აფთიაქი	aptiaki
Optik (f)	ოპტიკა	op't'ik'a
Einkaufszentrum (n)	სავაჭრო ცენტრი	savach'ro tsent'ri
Supermarkt (m)	სუპერმარკეტი	sup'ermark'et'i

Bäckerei (f)	საფუნთუშე	sapuntushe
Bäcker (m)	მცხობელი	mtskhobeli
Konditorei (f)	საკონდიტრო	sak'ondit'ro
Lebensmittelladen (m)	საბაყლო	sabaqlo
Metzgerei (f)	საყასბე	saqasbe

| Gemüseladen (m) | ბოსტნეულის დუქანი | bost'neulis dukani |
| Markt (m) | ბაზარი | bazari |

Kaffeehaus (n)	ყავახანა	qavakhana
Restaurant (n)	რესტორანი	rest'orani
Bierstube (f)	ლუდხანა	ludkhana
Pizzeria (f)	პიცერია	p'itseria

Friseursalon (m)	საპარიკმახერო	sap'arik'makhero
Post (f)	ფოსტა	post'a
chemische Reinigung (f)	ქიმწმენდა	kimts'menda
Fotostudio (n)	ფოტოატელიე	pot'oat'elie

Schuhgeschäft (n)	ფეხსაცმლის მაღაზია	pekhsatsmlis maghazia
Buchhandlung (f)	წიგნების მაღაზია	ts'ignebis maghazia
Sportgeschäft (n)	სპორტული მაღაზია	sp'ort'uli maghazia

Kleiderreparatur (f)	ტანსაცმლის შეკეთება	t'ansatsmlis shek'eteba
Bekleidungsverleih (m)	ტანსაცმლის გაქირავება	t'ansatsmlis gakiraveba
Videothek (f)	ფილმების გაქირავება	pilmebis gakiraveba

Zirkus (m)	ცირკი	tsirk'i
Zoo (m)	ზოოპარკი	zoop'ark'i
Kino (n)	კინოთეატრი	k'inoteat'ri
Museum (n)	მუზეუმი	muzeumi
Bibliothek (f)	ბიბლიოთეკა	bibliotek'a

Theater (n)	თეატრი	teat'ri
Opernhaus (n)	ოპერა	op'era
Nachtklub (m)	ღამის კლუბი	ghamis k'lubi
Kasino (n)	სამორინე	samorine

Moschee (f)	მეჩეთი	mecheti
Synagoge (f)	სინაგოგა	sinagoga
Kathedrale (f)	ტაძარი	t'adzari
Tempel (m)	ტაძარი	t'adzari
Kirche (f)	ეკლესია	ek'lesia

Institut (n)	ინსტიტუტი	inst'it'ut'i
Universität (f)	უნივერსიტეტი	universit'et'i
Schule (f)	სკოლა	sk'ola

Präfektur (f)	პრეფექტურა	p'repekt'ura
Rathaus (n)	მერია	meria
Hotel (n)	სასტუმრო	sast'umro
Bank (f)	ბანკი	bank'i

Botschaft (f)	საელჩო	saelcho
Reisebüro (n)	ტურისტული სააგენტო	t'urist'uli saagent'o
Informationsbüro (n)	ცნობათა ბიურო	tsnobata biuro
Wechselstube (f)	გაცვლითი პუნქტი	gatsvliti p'unkt'i

U-Bahn (f)	მეტრო	met'ro
Krankenhaus (n)	საავადმყოფო	saavadmqopo

Tankstelle (f)	ბენზინგასამართი სადგური	benzingasamarti sadguri
Parkplatz (m)	ავტოსადგომი	avt'osadgomi

30. Schilder

Firmenschild (n)	აბრა	abra
Aufschrift (f)	წარწერა	ts'arts'era

Plakat (n)	პლაკატი	p'lak'at'i
Wegweiser (m)	მაჩვენებელი	machvenebeli
Pfeil (m)	ისარი	isari

Vorsicht (f)	გაფრთხილება	gaprtkhileba
Warnung (f)	გაფრთხილება	gaprtkhileba
warnen (vt)	გაფრთხილება	gaprtkhileba

freier Tag (m)	დასვენების დღე	dasvenebis dghe
Fahrplan (m)	განრიგი	ganrigi
Öffnungszeiten (pl)	სამუშაო საათები	samushao saatebi

HERZLICH WILLKOMMEN!	კეთილი იყოს თქვენი მობრძანება!	k'etili iqos tkveni mobrdzaneba!
EINGANG	შესასვლელი	shesasvleli
AUSGANG	გასასვლელი	gasasvleli

DRÜCKEN	თქვენგან	tkvengan
ZIEHEN	თქვენსკენ	tkvensk'en
GEÖFFNET	ღიაა	ghiaa
GESCHLOSSEN	დაკეტილია	dak'et'ilia

| DAMEN, FRAUEN | ქალებისათვის | kalebisatvis |
| HERREN, MÄNNER | კაცებისათვის | k'atsebisatvis |

AUSVERKAUF	ფასდაკლებები	pasdak'lebebi
REDUZIERT	გაყიდვა	gaqidva
NEU!	სიახლე!	siakhle!
GRATIS	უფასოდ	upasod

ACHTUNG!	ყურადღება!	quradgheba!
ZIMMER BELEGT	ადგილები არ არის	adgilebi ar aris
RESERVIERT	დარეზერვირებულია	darezervirebulia

| VERWALTUNG | ადმინისტრაცია | administ'ratsia |
| NUR FÜR PERSONAL | მხოლოდ პერსონალისათვის | mkholod p'ersonalisatvis |

VORSICHT BISSIGER HUND	ავი ძაღლი	avi dzaghli
RAUCHEN VERBOTEN!	ნუ მოსწევთ!	nu mosts'evt!
BITTE NICHT BERÜHREN	ხელით ნუ შეეხებით!	khelit nu sheekhebit!

GEFÄHRLICH	საშიშია	sashishia
VORSICHT!	საფრთხე	saprtkhe
HOCHSPANNUNG	მაღალი ძაბვა	maghali dzabva
BADEN VERBOTEN	ბანაობა აკრძალულია	banaoba ak'rdzalulia
AUßER BETRIEB	არ მუშაობს	ar mushaobs

| LEICHTENTZÜNDLICH | ცეცხლსაშიშია | tsetskhlsashishia |
| VERBOTEN | აკრძალულია | ak'rdzalulia |

DURCHGANG VERBOTEN	გასვლა აკრძალულია	gasvla ak'rdzalulia
FRISCH GESTRICHEN	შეღებილია	sheghebilia

31. Shopping

kaufen (vt)	ყიდვა	qidva
Einkauf (m)	ნაყიდი	naqidi
Einkaufen (n)	შოპინგი	shop'ingi

offen sein (Laden)	მუშაობა	mushaoba
zu sein	დაკეტვა	dak'et'va

Schuhe (pl)	ფეხსაცმელი	pekhsatsmeli
Kleidung (f)	ტანსაცმელი	t'ansatsmeli
Kosmetik (f)	კოსმეტიკა	k'osmet'ik'a
Lebensmittel (pl)	პროდუქტები	p'rodukt'ebi
Geschenk (n)	საჩუქარი	sachukari

Verkäufer (m)	გამყიდველი	gamqidveli
Verkäuferin (f)	გამყიდველი	gamqidveli

Kasse (f)	სალარო	salaro
Spiegel (m)	სარკე	sark'e
Ladentisch (m)	დახლი	dakhli
Umkleidekabine (f)	მოსაზომი ოთახი	mosazomi otakhi

anprobieren (vt)	მოზომება	mozomeba
passen (Schuhe, Kleid)	მორგება	morgeba
gefallen (vi)	მოწონება	mots'oneba

Preis (m)	ფასი	pasi
Preisschild (n)	საფასარი	sapasari
kosten (vt)	ღირება	ghireba
Wie viel?	რამდენი?	ramdeni?
Rabatt (m)	ფასდაკლება	pasdak'leba

preiswert	საკმაოდ იაფი	sak'maod iapi
billig	იაფი	iapi
teuer	ძვირი	dzviri
Das ist teuer	ეს ძვირია	es dzviria

Verleih (m)	გაქირავება	gakiraveba
leihen, mieten (ein Auto usw.)	ქირით აღება	kirit agheba
Kredit (m), Darlehen (n)	კრედიტი	k'redit'i
auf Kredit	სესხად	seskhad

KLEIDUNG & ACCESSOIRES

T&P Books Publishing

32. Oberbekleidung. Mäntel

Kleidung (f)	ტანსაცმელი	t'ansatsmeli
Oberkleidung (f)	ზედა ტანსაცმელი	zeda t'ansatsmeli
Winterkleidung (f)	ზამთრის ტანსაცმელი	zamtris t'ansatsmeli
Mantel (m)	პალტო	p'alt'o
Pelzmantel (m)	ქურქი	kurki
Pelzjacke (f)	ჯუბაჩა	jubacha
Daunenjacke (f)	ყურთუკი	qurtuk'i
Jacke (z.B. Lederjacke)	ქურთუკი	kurtuk'i
Regenmantel (m)	ლაბადა	labada
wasserdicht	ულტობი	ult'obi

33. Herren- & Damenbekleidung

Hemd (n)	პერანგი	p'erangi
Hose (f)	შარვალი	sharvali
Jeans (pl)	ჯინსი	jinsi
Jackett (n)	პიჯაკი	p'ijak'i
Anzug (m)	კოსტიუმი	k'ost'iumi
Damenkleid (n)	კაბა	k'aba
Rock (m)	ბოლოკაბა	bolok'aba
Bluse (f)	ბლუზა	bluza
Strickjacke (f)	კოფთა	k'opta
Jacke (Damen Kostüm)	ჟაკეტი	zhak'et'i
T-Shirt (n)	მაისური	maisuri
Shorts (pl)	შორტი	short'i
Sportanzug (m)	სპორტული კოსტიუმი	sp'ort'uli k'ost'iumi
Bademantel (m)	ხალათი	khalati
Schlafanzug (m)	პიჟამო	p'izhamo
Sweater (m)	სვიტრი	svit'ri
Pullover (m)	პულოვერი	p'uloveri
Weste (f)	ჟილეტი	zhilet'i
Frack (m)	ფრაკი	prak'i
Smoking (m)	სმოკინგი	smok'ingi
Uniform (f)	ფორმა	porma
Arbeitskleidung (f)	სამუშაო ტანსაცმელი	samushao t'ansatsmeli

| Overall (m) | კომბინეზონი | k'ombinezoni |
| Kittel (z.B. Arztkittel) | ხალათი | khalati |

34. Kleidung. Unterwäsche

Unterwäsche (f)	საცვალი	satsvali
Unterhemd (n)	მაისური	maisuri
Socken (pl)	წინდები	ts'indebi

Nachthemd (n)	ღამის პერანგი	ghamis p'erangi
Büstenhalter (m)	ბიუსტჰალტერი	biust'halt'eri
Kniestrümpfe (pl)	გოლფი-წინდები	golpi-ts'indebi
Strumpfhose (f)	კოლგოტი	k'olgot'i
Strümpfe (pl)	ყელიანი წინდები	qeliani ts'indebi
Badeanzug (m)	საბანაო კოსტიუმი	sabanao k'ost'iumi

35. Kopfbekleidung

Mütze (f)	ქუდი	kudi
Filzhut (m)	ქუდი	kudi
Baseballkappe (f)	ბეისბოლის კეპი	beisbolis k'ep'i
Schiebermütze (f)	კეპი	k'ep'i

Baskenmütze (f)	ბერეტი	beret'i
Kapuze (f)	კაპიუშონი	k'ap'iushoni
Panamahut (m)	პანამა	p'anama
Strickmütze (f)	ნაქსოვი ქუდი	naksovi kudi

| Kopftuch (n) | თავსაფარი | tavsapari |
| Damenhut (m) | ქუდი | kudi |

Schutzhelm (m)	კასკა	k'ask'a
Feldmütze (f)	პილოტურა	p'ilot'ura
Helm (z.B. Motorradhelm)	ჩაფხუტი	chapkhut'i

| Melone (f) | ქვაბ-ქუდა | kvab-kuda |
| Zylinder (m) | ცილინდრი | tsilindri |

36. Schuhwerk

Schuhe (pl)	ფეხსაცმელი	pekhsatsmeli
Stiefeletten (pl)	ყელიანი ფეხსაცმელი	qeliani pekhsatsmeli
Halbschuhe (pl)	ტუფლი	t'upli
Stiefel (pl)	ჩექმები	chekmebi
Hausschuhe (pl)	ჩუსტები	chust'ebi

Tennisschuhe (pl)	ფეხსაცმელი	pekhsatsmeli
Leinenschuhe (pl)	კედი	k'edi
Sandalen (pl)	სანდლები	sandlebi
Schuster (m)	მეჩექმე	mechekme
Absatz (m)	ქუსლი	kusli
Paar (n)	წყვილი	ts'qvili
Schnürsenkel (m)	ზონარი	zonari
schnüren (vt)	ზონრით შეკვრა	zonrit shek'vra
Schuhlöffel (m)	საშველი	sashveli
Schuhcreme (f)	ფეხსაცმლის კრემი	pekhsatsmlis k'remi

37. Persönliche Accessoires

Handschuhe (pl)	ხელთათმანები	kheltatmanebi
Fausthandschuhe (pl)	ხელთათმანი	kheltatmani
Schal (Kaschmir-)	კაშნი	k'ashni
Brille (f)	სათვალე	satvale
Brillengestell (n)	ჩარჩო	charcho
Regenschirm (m)	ქოლგა	kolga
Spazierstock (m)	ხელჯოხი	kheljokhi
Haarbürste (f)	თმის ჯაგრისი	tmis jagrisi
Fächer (m)	მარაო	marao
Krawatte (f)	ჰალსტუხი	halst'ukhi
Fliege (f)	პეპელა-ჰალსტუხი	p'ep'ela-halst'ukhi
Hosenträger (pl)	აჭიმი	ach'imi
Taschentuch (n)	ცხვირსახოცი	tskhvirsakhotsi
Kamm (m)	სავარცხელი	savartskheli
Haarspange (f)	თმის სამაგრი	tmis samagri
Haarnadel (f)	თმის სარჭი	tmis sarch'i
Schnalle (f)	ბალთა	balta
Gürtel (m)	ქამარი	kamari
Umhängegurt (m)	თასმა	tasma
Tasche (f)	ჩანთა	chanta
Handtasche (f)	ჩანთა	chanta
Rucksack (m)	რუკზაკი	ruk'zak'i

38. Kleidung. Verschiedenes

Mode (f)	მოდა	moda
modisch	მოდური	moduri
Modedesigner (m)	მოდელიერი	modelieri

Kragen (m)	საყელო	saqelo
Tasche (f)	ჯიბე	jibe
Taschen-	ჯიბისა	jibisa
Ärmel (m)	სახელო	sakhelo
Aufhänger (m)	საკიდარი	sak'idari
Hosenschlitz (m)	ბარტყი	bart'qi

Reißverschluss (m)	ელვა-შესაკრავი	elva-shesak'ravi
Verschluss (m)	შესაკრავი	shesak'ravi
Knopf (m)	ღილი	ghili
Knopfloch (n)	ჩასაღილავი	chasaghilavi
abgehen (Knopf usw.)	მოწყვეტა	mots'qvet'a

nähen (vi, vt)	კერვა	k'erva
sticken (vt)	ქარგვა	kargva
Stickerei (f)	ნაქარგი	nakargi
Nadel (f)	ნემსი	nemsi
Faden (m)	ძაფი	dzapi
Naht (f)	ნაკერი	nak'eri

sich beschmutzen	გასვრა	gasvra
Fleck (m)	ლაქა	laka
sich knittern	დაჭმუჭნა	dach'much'na
zerreißen (vt)	გახევა	gakheva
Motte (f)	ჩრჩილი	chrchili

39. Kosmetikartikel. Kosmetik

Zahnpasta (f)	კბილის პასტა	k'bilis p'ast'a
Zahnbürste (f)	კბილის ჯაგრისი	k'bilis jagrisi
Zähne putzen	კბილების გახეხვა	k'bilebis gakhekhva

Rasierer (m)	სამართებელი	samartebeli
Rasiercreme (f)	საპარსი კრემი	sap'arsi k'remi
sich rasieren	პარსვა	p'arsva

| Seife (f) | საპონი | sap'oni |
| Shampoo (n) | შამპუნი | shamp'uni |

Schere (f)	მაკრატელი	mak'rat'eli
Nagelfeile (f)	ფრჩხილის ქლიბი	prchkhilis klibi
Nagelzange (f)	ფრჩხილის საკვნეტი	prchkhilis sak'vnet'i
Pinzette (f)	პინცეტი	p'intset'i

Kosmetik (f)	კოსმეტიკა	k'osmet'ik'a
Gesichtsmaske (f)	ნიღაბი	nighabi
Maniküre (f)	მანიკიური	manik'iuri
Maniküre machen	მანიკიურის კეთება	manik'iuris k'eteba
Pediküre (f)	პედიკიური	p'edik'iuri
Kosmetiktasche (f)	კოსმეტიკის ჩანთა	k'osmet'ik'is chanta

Puder (m)	პუდრი	p'udri
Puderdose (f)	საპუდრე	sap'udre
Rouge (n)	ფერი	peri

Parfüm (n)	სუნამო	sunamo
Duftwasser (n)	ტუალეტის წყალი	t'ualet'is ts'qali
Lotion (f)	ლოსიონი	losioni
Kölnischwasser (n)	ოდეკოლონი	odek'oloni

Lidschatten (m)	ქუთუთოს ჩრდილი	kututos chrdili
Kajalstift (m)	თვალის ფანქარი	tvalis pankari
Wimperntusche (f)	ტუში	t'ushi

Lippenstift (m)	ტუჩის პომადა	t'uchis p'omada
Nagellack (m)	ფრჩხილის ლაქი	prchkhilis laki
Haarlack (m)	თმის ლაქი	tmis laki
Deodorant (n)	დეზოდორანტი	dezodorant'i

Creme (f)	კრემი	k'remi
Gesichtscreme (f)	სახის კრემი	sakhis k'remi
Handcreme (f)	ხელის კრემი	khelis k'remi
Anti-Falten-Creme (f)	ნაოჭების საწინააღმდეგო კრემი	naoch'ebis sats'inaaghmdego k'remi
Tages-	დღისა	dghisa
Nacht-	ღამისა	ghamisa

Tampon (m)	ტამპონი	t'amp'oni
Toilettenpapier (n)	ტუალეტის ქაღალდი	t'ualet'is kaghaldi
Föhn (m)	ფენი	peni

40. Armbanduhren Uhren

Armbanduhr (f)	საათი	saati
Zifferblatt (n)	ციფერბლატი	tsiperblat'i
Zeiger (m)	ისარი	isari
Metallarmband (n)	სამაჯური	samajuri
Uhrenarmband (n)	თასმა	tasma

Batterie (f)	ბატარეა	bat'area
verbraucht sein	დაჯდომა	dajdoma
die Batterie wechseln	ბატარეის გამოცვლა	bat'areis gamotsvla

Wanduhr (f)	კედლის საათი	k'edlis saati
Sanduhr (f)	ქვიშის საათი	kvishis saati
Sonnenuhr (f)	მზის საათი	mzis saati
Wecker (m)	მაღვიძარა	maghvidzara
Uhrmacher (m)	მესაათე	mesaate
reparieren (vt)	გარემონტება	garemont'eba

ALLTAGSERFAHRUNG

T&P Books Publishing

41. Geld

Geld (n)	ფული	puli
Austausch (m)	გაცვლა	gatsvla
Kurs (m)	კურსი	k'ursi
Geldautomat (m)	ბანკომატი	bank'omat'i
Münze (f)	მონეტა	monet'a
Dollar (m)	დოლარი	dolari
Euro (m)	ევრო	evro
Lira (f)	ლირა	lira
Mark (f)	მარკა	mark'a
Franken (m)	ფრანკი	prank'i
Pfund Sterling (n)	გირვანქა სტერლინგი	girvanka st'erlingi
Yen (m)	იენა	iena
Schulden (pl)	ვალი	vali
Schuldner (m)	მოვალე	movale
leihen (vt)	ნისიად მიცემა	nisiad mitsema
leihen, borgen (Geld usw.)	ნისიად აღება	nisiad agheba
Bank (f)	ბანკი	bank'i
Konto (n)	ანგარიში	angarishi
auf ein Konto einzahlen	ანგარიშზე დადება	angarishze dadeba
abheben (vt)	ანგარიშიდან მოხსნა	angarishidan mokhsna
Kreditkarte (f)	საკრედიტო ბარათი	sak'redit'o barati
Bargeld (n)	ნაღდი ფული	naghdi puli
Scheck (m)	ჩეკი	chek'i
einen Scheck schreiben	ჩეკის გამოწერა	chek'is gamots'era
Scheckbuch (n)	ჩეკების წიგნაკი	chek'ebis ts'ignak'i
Geldtasche (f)	საფულე	sapule
Geldbeutel (m)	საფულე	sapule
Safe (m)	სეიფი	seipi
Erbe (m)	მემკვიდრე	memk'vidre
Erbschaft (f)	მემკვიდრეობა	memk'vidreoba
Vermögen (n)	ქონება	koneba
Pacht (f)	იჯარა	ijara
Miete (f)	ბინის ქირა	binis kira
mieten (vt)	დაქირავება	dakiraveba
Preis (m)	ფასი	pasi
Kosten (pl)	ღირებულება	ghirebuleba

Summe (f)	თანხა	tankha
ausgeben (vt)	ხარჯვა	kharjva
Ausgaben (pl)	ხარჯები	kharjebi
sparen (vt)	დაზოგვა	dazogva
sparsam	მომჭირნე	momch'irne

zahlen (vt)	გადახდა	gadakhda
Lohn (m)	საზღაური	sazghauri
Wechselgeld (n)	ხურდა	khurda

Steuer (f)	გადასახადი	gadasakhadi
Geldstrafe (f)	ჯარიმა	jarima
bestrafen (vt)	დაჯარიმება	dajarimeba

42. Post. Postdienst

Post (Postamt)	ფოსტა	post'a
Post (Postsendungen)	ფოსტა	post'a
Briefträger (m)	ფოსტალიონი	post'alioni
Öffnungszeiten (pl)	სამუშაო საათები	samushao saatebi

Brief (m)	წერილი	ts'erili
Einschreibebrief (m)	დაზღვეული წერილი	dazghveuli ts'erili
Postkarte (f)	ღია ბარათი	ghia barati
Telegramm (n)	დეპეშა	dep'esha

| Postpaket (n) | ამანათი | amanati |
| Geldanweisung (f) | ფულადი გზავნილი | puladi gzavnili |

bekommen (vt)	მიღება	migheba
abschicken (vt)	გაგზავნა	gagzavna
Absendung (f)	გაგზავნა	gagzavna

| Postanschrift (f) | მისამართი | misamarti |
| Postleitzahl (f) | ინდექსი | indeksi |

| Absender (m) | გამგზავნი | gamgzavni |
| Empfänger (m) | მიმღები | mimghebi |

| Vorname (m) | სახელი | sakheli |
| Nachname (m) | გვარი | gvari |

Tarif (m)	ტარიფი	t'aripi
Standard- (Tarif)	ჩვეულებრივი	chveulebrivi
Spar- (-tarif)	ეკონომიური	ek'onomiuri

Gewicht (n)	წონა	ts'ona
abwiegen (vt)	აწონვა	ats'onva
Briefumschlag (m)	კონვერტი	k'onvert'i
Briefmarke (f)	მარკა	mark'a

43. Bankgeschäft

Bank (f)	ბანკი	bank'i
Filiale (f)	განყოფილება	ganqopileba
Berater (m)	კონსულტანტი	k'onsult'ant'i
Leiter (m)	მმართველი	mmartveli
Konto (n)	ანგარიში	angarishi
Kontonummer (f)	ანგარიშის ნომერი	angarishis nomeri
Kontokorrent (n)	მიმდინარე ანგარიში	mimdinare angarishi
Sparkonto (n)	დამაგროვებელი ანგარიში	damagrovebeli angarishi
ein Konto eröffnen	ანგარიშის გახსნა	angarishis gakhsna
das Konto schließen	ანგარიშის დახურვა	angarishis dakhurva
einzahlen (vt)	ანგარიშზე დადება	angarishze dadeba
abheben (vt)	ანგარიშიდან მოხსნა	angarishidan mokhsna
Einzahlung (f)	ანაბარი	anabari
eine Einzahlung machen	ანაბრის გაკეთება	anabris gak'eteba
Überweisung (f)	გზავნილი	gzavnili
überweisen (vt)	გზავნილის გაკეთება	gzavnilis gak'eteba
Summe (f)	თანხა	tankha
Wieviel?	რამდენი?	ramdeni?
Unterschrift (f)	ხელმოწერა	khelmots'era
unterschreiben (vt)	ხელის მოწერა	khelis mots'era
Kreditkarte (f)	საკრედიტო ბარათი	sak'redit'o barati
Code (m)	კოდი	k'odi
Kreditkartennummer (f)	საკრედიტო ბარათის ნომერი	sak'redit'o baratis nomeri
Geldautomat (m)	ბანკომატი	bank'omat'i
Scheck (m)	ჩეკი	chek'i
einen Scheck schreiben	ჩეკის გამოწერა	chek'is gamots'era
Scheckbuch (n)	ჩეკების წიგნაკი	chek'ebis ts'ignak'i
Darlehen (m)	კრედიტი	k'redit'i
ein Darlehen beantragen	კრედიტისათვის მიმართვა	k'redit'isatvis mimartva
ein Darlehen aufnehmen	კრედიტის აღება	k'redit'is agheba
ein Darlehen geben	კრედიტის წარდგენა	k'redit'is ts'ardgena
Sicherheit (f)	გარანტია	garant'ia

44. Telefon. Telefongespräche

Telefon (n)	ტელეფონი	t'eleponi
Mobiltelefon (n)	მობილური ტელეფონი	mobiluri t'eleponi

Anrufbeantworter (m)	ავტომოპასუხე	avt'omop'asukhe
anrufen (vt)	რეკვა	rek'va
Anruf (m)	ზარი	zari

eine Nummer wählen	ნომრის აკრეფა	nomris ak'repa
Hallo!	ალო!	alo!
fragen (vt)	კითხვა	k'itkhva
antworten (vi)	პასუხის გაცემა	p'asukhis gatsema

hören (vt)	სმენა	smena
gut (~ aussehen)	კარგად	k'argad
schlecht (Adv)	ცუდად	tsudad
Störungen (pl)	ხარვეზები	kharvezebi

Hörer (m)	ყურმილი	qurmili
den Hörer abnehmen	ყურმილის აღება	qurmilis agheba
auflegen (den Hörer ~)	ყურმილის დადება	qurmilis dadeba

besetzt	დაკავებული	dak'avebuli
läuten (vi)	რეკვა	rek'va
Telefonbuch (n)	სატელეფონო წიგნი	sat'elepono ts'igni

Orts-	ადგილობრივი	adgilobrivi
Auslands-	საერთაშორისო	saertashoriso
Fern-	საქალაქთაშორისო	sakalaktashoriso

45. Mobiltelefon

Mobiltelefon (n)	მობილური ტელეფონი	mobiluri t'eleponi
Display (n)	დისპლეი	disp'lei
Knopf (m)	ღილაკი	ghilak'i
SIM-Karte (f)	SIM-ბარათი	SIM-barati

Batterie (f)	ბატარეა	bat'area
leer sein (Batterie)	განმუხტვა	ganmukht'va
Ladegerät (n)	დასამუხტი მოწყობილობა	dasamukht'i mots'qobiloba

Menü (n)	მენიუ	meniu
Einstellungen (pl)	აწყობა	ats'qoba
Melodie (f)	მელოდია	melodia
auswählen (vt)	არჩევა	archeva

Rechner (m)	კალკულატორი	k'alk'ulat'ori
Anrufbeantworter (m)	ავტომოპასუხე	avt'omop'asukhe
Wecker (m)	მაღვიძარა	maghvidzara
Kontakte (pl)	სატელეფონო წიგნი	sat'elepono ts'igni

| SMS-Nachricht (f) | SMS-შეტყობინება | SMS-shet'qobineba |
| Teilnehmer (m) | აბონენტი | abonent'i |

46. Bürobedarf

| Kugelschreiber (m) | ავტოკალამი | avt'ok'alami |
| Federhalter (m) | კალამი | k'alami |

Bleistift (m)	ფანქარი	pankari
Faserschreiber (m)	მარკერი	mark'eri
Filzstift (m)	ფლომასტერი	plomast'eri

| Notizblock (m) | ბლოკნოტი | blok'not'i |
| Terminkalender (m) | დღიური | dghiuri |

Lineal (n)	სახაზავი	sakhazavi
Rechner (m)	კალკულატორი	k'alk'ulat'ori
Radiergummi (m)	საშლელი	sashleli
Reißzwecke (f)	ჭიკარტი	ch'ik'art'i
Heftklammer (f)	სამაგრი	samagri

Klebstoff (m)	წებო	ts'ebo
Hefter (m)	სტეპლერი	st'ep'leri
Locher (m)	სახვრეტელა	sakhvret'ela
Bleistiftspitzer (m)	სათლელი	satleli

47. Fremdsprachen

Sprache (f)	ენა	ena
Fremd-	უცხო	utskho
studieren (z.B. Jura ~)	შესწავლა	shests'avla
lernen (Englisch ~)	სწავლა	sts'avla

lesen (vi, vt)	კითხვა	k'itkhva
sprechen (vi, vt)	ლაპარაკი	lap'arak'i
verstehen (vt)	გაგება	gageba
schreiben (vi, vt)	წერა	ts'era

schnell (Adv)	სწრაფად	sts'rapad
langsam (Adv)	ნელა	nela
fließend (Adv)	თავისუფლად	tavisuplad

Regeln (pl)	წესები	ts'esebi
Grammatik (f)	გრამატიკა	gramat'ik'a
Vokabular (n)	ლექსიკა	leksik'a
Phonetik (f)	ფონეტიკა	ponet'ik'a

Lehrbuch (n)	სახელმძღვანელო	sakhelmdzghvanelo
Wörterbuch (n)	ლექსიკონი	leksik'oni
Selbstlernbuch (n)	თვითმასწავლებელი	tvitmasts'avlebeli
Sprachführer (m)	სასაუბრო	sasaubro
Kassette (f)	კასეტი	k'aset'i

Videokassette (f)	ვიდეოკასეტი	videok'aset'i
CD (f)	კომპაქტური დისკი	k'omp'akt'uri disk'i
DVD (f)	დივიდი	dividi

Alphabet (n)	ანბანი	anbani
buchstabieren (vt)	ასოებით გამოთქმა	asoebit gamotkma
Aussprache (f)	წარმოთქმა	ts'armotkma

Akzent (m)	აქცენტი	aktsent'i
mit Akzent	აქცენტით	aktsent'it
ohne Akzent	უაქცენტოდ	uaktsent'od

| Wort (n) | სიტყვა | sit'qva |
| Bedeutung (f) | მნიშვნელობა | mnishvneloba |

Kurse (pl)	კურსები	k'ursebi
sich einschreiben	ჩაწერა	chats'era
Lehrer (m)	მასწავლებელი	masts'avlebeli

Übertragung (f)	თარგმნა	targmna
Übersetzung (f)	თარგმანი	targmani
Übersetzer (m)	მთარგმნელი	mtargmneli
Dolmetscher (m)	თარჯიმანი	tarjimani

| Polyglott (m, f) | პოლიგლოტი | p'oliglot'i |
| Gedächtnis (n) | მეხსიერება | mekhsiereba |

MAHLZEITEN.
RESTAURANT

T&P Books Publishing

48. Gedeck

Löffel (m)	კოვზი	k'ovzi
Messer (n)	დანა	dana
Gabel (f)	ჩანგალი	changali
Tasse (eine ~ Tee)	ფინჯანი	pinjani
Teller (m)	თეფში	tepshi
Untertasse (f)	ლამბაქი	lambaki
Serviette (f)	ხელსახოცი	khelsakhotsi
Zahnstocher (m)	კბილსაჩიჩქნი	k'bilsachichkni

49. Restaurant

Restaurant (n)	რესტორანი	rest'orani
Kaffeehaus (n)	ყავახანა	qavakhana
Bar (f)	ბარი	bari
Teesalon (m)	ჩაის სალონი	chais saloni
Kellner (m)	ოფიციანტი	opitsiant'i
Kellnerin (f)	ოფიციანტი	opitsiant'i
Barmixer (m)	ბარმენი	barmeni
Speisekarte (f)	მენიუ	meniu
Weinkarte (f)	ღვინის ბარათი	ghvinis barati
einen Tisch reservieren	მაგიდის დაჯავშნა	magidis dajavshna
Gericht (n)	კერძი	k'erdzi
bestellen (vt)	შეკვეთა	shek'veta
eine Bestellung aufgeben	შეკვეთის გაკეთება	shek'vetis gak'eteba
Aperitif (m)	აპერიტივი	ap'erit'ivi
Vorspeise (f)	საუზმეული	sauzmeuli
Nachtisch (m)	დესერტი	desert'i
Rechnung (f)	ანგარიში	angarishi
Rechnung bezahlen	ანგარიშის გადახდა	angarishis gadakhda
das Wechselgeld geben	ხურდის მიცემა	khurdis mitsema
Trinkgeld (n)	გასამრჯელო	gasamrjelo

50. Mahlzeiten

Essen (n)	საჭმელი	sach'meli
essen (vi, vt)	ჭამა	ch'ama

Frühstück (n)	საუზმე	sauzme
frühstücken (vi)	საუზმობა	sauzmoba
Mittagessen (n)	სადილი	sadili
zu Mittag essen	სადილობა	sadiloba
Abendessen (n)	ვახშამი	vakhshami
zu Abend essen	ვახშმობა	vakhshmoba

| Appetit (m) | მადა | mada |
| Guten Appetit! | გაამოთ! | gaamot! |

öffnen (vt)	გახსნა	gakhsna
verschütten (vt)	დაღვრა	daghvra
verschüttet werden	დაღვრა	daghvra

kochen (vi)	დუღილი	dughili
kochen (Wasser ~)	ადუღება	adugheba
gekocht (Adj)	ნადუღი	nadughi
kühlen (vt)	გაგრილება	gagrileba
abkühlen (vi)	გაგრილება	gagrileba

| Geschmack (m) | გემო | gemo |
| Beigeschmack (m) | გემო | gemo |

auf Diät sein	გახდომა	gakhdoma
Diät (f)	დიეტა	diet'a
Vitamin (n)	ვიტამინი	vit'amini
Kalorie (f)	კალორია	k'aloria
Vegetarier (m)	ვეგეტარიანელი	veget'arianeli
vegetarisch (Adj)	ვეგეტარიანული	veget'arianuli

Fett (n)	ცხიმები	tskhimebi
Protein (n)	ცილები	tsilebi
Kohlenhydrat (n)	ნახშირწყლები	nakhshirts'qlebi
Scheibchen (n)	ნაჭერი	nach'eri
Stück (ein ~ Kuchen)	ნაჭერი	nach'eri
Krümel (m)	ნამცეცი	namtsetsi

51. Gerichte

Gericht (n)	კერძი	k'erdzi
Küche (f)	სამზარეულო	samzareulo
Rezept (n)	რეცეპტი	retsep't'i
Portion (f)	ულუფა	ulupa

| Salat (m) | სალათი | salati |
| Suppe (f) | წვნიანი | ts'vniani |

Brühe (f), Bouillon (f)	ბულიონი	bulioni
belegtes Brot (n)	ბუტერბროდი	but'erbrodi
Spiegelei (n)	ერბო-კვერცხი	erbo-k'vertskhi

| Hamburger (m) | ჰამბურგერი | hamburgeri |
| Beefsteak (n) | ბივშტექსი | bivsht'eksi |

Beilage (f)	გარნირი	garniri
Spaghetti (pl)	სპაგეტი	sp'aget'i
Kartoffelpüree (n)	კარტოფილის პიურე	k'art'opilis p'iure
Pizza (f)	პიცა	p'itsa
Brei (m)	ფაფა	papa
Omelett (n)	ომლეტი	omlet'i

gekocht	მოხარშული	mokharshuli
geräuchert	შებოლილი	shebolili
gebraten	შემწვარი	shemts'vari
getrocknet	გამხმარი	gamkhmari
tiefgekühlt	გაყინული	gaqinuli
mariniert	მარინადში ჩადებული	marinadshi chadebuli

süß	ტკბილი	t'k'bili
salzig	მლაშე	mlashe
kalt	ცივი	tsivi
heiß	ცხელი	tskheli
bitter	მწარე	mts'are
lecker	გემრიელი	gemrieli

kochen (vt)	ხარშვა	kharshva
zubereiten (vt)	მზადება	mzadeba
braten (vt)	შეწვა	shets'va
aufwärmen (vt)	გაცხელება	gatskheleba

salzen (vt)	მარილის მოყრა	marilis moqra
pfeffern (vt)	პილპილის მოყრა	p'ilp'ilis moqra
reiben (vt)	გახეხვა	gakhekhva
Schale (f)	ქერქი	kerki
schälen (vt)	ფცქვნა	ptskvna

52. Essen

Fleisch (n)	ხორცი	khortsi
Hühnerfleisch (n)	ქათამი	katami
Küken (n)	წიწილა	ts'its'ila
Ente (f)	იხვი	ikhvi
Gans (f)	ბატი	bat'i
Wild (n)	ნანადირევი	nanadirevi
Pute (f)	ინდაური	indauri

Schweinefleisch (n)	ღორის ხორცი	ghoris khortsi
Kalbfleisch (n)	ხბოს ხორცი	khbos khortsi
Hammelfleisch (n)	ცხვრის ხორცი	tskhvris khortsi
Rindfleisch (n)	საქონლის ხორცი	sakonlis khortsi
Kaninchenfleisch (n)	ბოცვერი	botsveri

Wurst (f)	ძეხვი	dzekhvi
Würstchen (n)	სოსისი	sosisi
Schinkenspeck (m)	ბეკონი	bek'oni
Schinken (m)	ლორი	lori
Räucherschinken (m)	ბარკალი	bark'ali

Pastete (f)	პაშტეტი	p'asht'et'i
Leber (f)	ღვიძლი	ghvidzli
Hackfleisch (n)	ფარში	parshi
Zunge (f)	ენა	ena

Ei (n)	კვერცხი	k'vertskhi
Eier (pl)	კვერცხები	k'vertskhebi
Eiweiß (n)	ცილა	tsila
Eigelb (n)	კვერცხის გული	k'vertskhis guli

Fisch (m)	თევზი	tevzi
Meeresfrüchte (pl)	ზღვის პროდუქტები	zghvis p'rodukt'ebi
Krebstiere (pl)	კიბოსნაირნი	k'ibosnairni
Kaviar (m)	ხიზილალა	khizilala

Krabbe (f)	კიბორჩხალა	k'iborchkhala
Garnele (f)	კრევეტი	k'revet'i
Auster (f)	ხამანწკა	khamants'k'a
Languste (f)	ლანგუსტი	langust'i
Krake (m)	რვაფეხა	rvapekha
Kalmar (m)	კალმარი	k'almari

Störfleisch (n)	თართი	tarti
Lachs (m)	ორაგული	oraguli
Heilbutt (m)	პალტუსი	p'alt'usi

Dorsch (m)	ვირთევზა	virtevza
Makrele (f)	სკუმბრია	sk'umbria
Tunfisch (m)	თინუსი	tinusi
Aal (m)	გველთევზა	gveltevza

Forelle (f)	კალმახი	k'almakhi
Sardine (f)	სარდინი	sardini
Hecht (m)	ქარიყლაპია	kariqlap'ia
Hering (m)	ქაშაყი	kashaqi

Brot (n)	პური	p'uri
Käse (m)	ყველი	qveli
Zucker (m)	შაქარი	shakari
Salz (n)	მარილი	marili

Reis (m)	ბრინჯი	brinji
Teigwaren (pl)	მაკარონი	mak'aroni
Nudeln (pl)	ატრია	at'ria
Butter (f)	კარაქი	k'araki
Pflanzenöl (n)	მცენარეული ზეთი	mtsenarueli zeti

| Sonnenblumenöl (n) | მზესუმზირის ზეთი | mzesumziris zeti |
| Margarine (f) | მარგარინი | margarini |

| Oliven (pl) | ზეითუნი | zeituni |
| Olivenöl (n) | ზეითუნის ზეთი | zeitunis zeti |

Milch (f)	რძე	rdze
Kondensmilch (f)	შესქელებული რძე	sheskelebuli rdze
Joghurt (m)	იოგურტი	iogurt'i
saure Sahne (f)	არაჟანი	arazhani
Sahne (f)	ნაღები	naghebi

| Mayonnaise (f) | მაიონეზი | maionezi |
| Buttercreme (f) | კრემი | k'remi |

Grütze (f)	ბურღული	burghuli
Mehl (n)	ფქვილი	pkvili
Konserven (pl)	კონსერვები	k'onservebi

Maisflocken (pl)	სიმინდის ბურბუშელა	simindis burbushela
Honig (m)	თაფლი	tapli
Marmelade (f)	ჯემი	jemi
Kaugummi (m, n)	საღეჭი რეზინი	saghech'i rezini

53. Getränke

Wasser (n)	წყალი	ts'qali
Trinkwasser (n)	სასმელი წყალი	sasmeli ts'qali
Mineralwasser (n)	მინერალური წყალი	mineraluri ts'qali

still	უგაზო	ugazo
mit Kohlensäure	გაზირებული	gazirebuli
mit Gas	გაზიანი	gaziani
Eis (n)	ყინული	qinuli
mit Eis	ყინულით	qinulit

alkoholfrei (Adj)	უალკოჰოლო	ualk'oholo
alkoholfreies Getränk (n)	უალკოჰოლო სასმელი	ualk'oholo sasmeli
Erfrischungsgetränk (n)	გამაგრილებელი სასმელი	gamagrilebeli sasmeli
Limonade (f)	ლიმონათი	limonati

Spirituosen (pl)	ალკოჰოლიანი სასმელები	alk'oholiani sasmelebi
Wein (m)	ღვინო	ghvino
Weißwein (m)	თეთრი ღვინო	tetri ghvino
Rotwein (m)	წითელი ღვინო	ts'iteli ghvino

Likör (m)	ლიქიორი	likiori
Champagner (m)	შამპანური	shamp'anuri
Wermut (m)	ვერმუტი	vermut'i
Whisky (m)	ვისკი	visk'i

Wodka (m)	არაყი	araqi
Gin (m)	ჯინი	jini
Kognak (m)	კონიაკი	k'oniak'i
Rum (m)	რომი	romi

Kaffee (m)	ყავა	qava
schwarzer Kaffee (m)	შავი ყავა	shavi qava
Milchkaffee (m)	რძიანი ყავა	rdziani qava
Cappuccino (m)	ნაღებიანი ყავა	naghebiani qava
Pulverkaffee (m)	ხსნადი ყავა	khsnadi qava

Milch (f)	რძე	rdze
Cocktail (m)	კოკტეილი	k'ok't'eili
Milchcocktail (m)	რძის კოკტეილი	rdzis k'ok't'eili

Saft (m)	წვენი	ts'veni
Tomatensaft (m)	ტომატის წვენი	t'omat'is ts'veni
Orangensaft (m)	ფორთოხლის წვენი	portokhlis ts'veni
frisch gepresster Saft (m)	ახლადგამოწურული წვენი	akhladgamots'uruli ts'veni

Bier (n)	ლუდი	ludi
Helles (n)	ღია ფერის ლუდი	ghia peris ludi
Dunkelbier (n)	მუქი ლუდი	muki ludi

Tee (m)	ჩაი	chai
schwarzer Tee (m)	შავი ჩაი	shavi chai
grüner Tee (m)	მწვანე ჩაი	mts'vane chai

54. Gemüse

| Gemüse (n) | ბოსტნეული | bost'neuli |
| grünes Gemüse (pl) | მწვანილი | mts'vanili |

Tomate (f)	პომიდორი	p'omidori
Gurke (f)	კიტრი	k'it'ri
Karotte (f)	სტაფილო	st'apilo
Kartoffel (f)	კარტოფილი	k'art'opili
Zwiebel (f)	ხახვი	khakhvi
Knoblauch (m)	ნიორი	niori

Kohl (m)	კომბოსტო	k'ombost'o
Blumenkohl (m)	ყვავილოვანი კომბოსტო	qvavilovani k'ombost'o
Rosenkohl (m)	ბრიუსელის კომბოსტო	briuselis k'ombost'o
Brokkoli (m)	კომბოსტო ბროკოლი	k'ombost'o brok'oli

Rote Bete (f)	ჭარხალი	ch'arkhali
Aubergine (f)	ბადრიჯანი	badrijani
Zucchini (f)	ყაბაყი	qabaqi
Kürbis (m)	გოგრა	gogra

Rübe (f)	თალგამი	talgami
Petersilie (f)	ოხრახუში	okhrakhushi
Dill (m)	კამა	k'ama
Kopf Salat (m)	სალათი	salati
Sellerie (m)	ნიახური	niakhuri
Spargel (m)	სატაცური	sat'atsuri
Spinat (m)	ისპანახი	isp'anakhi
Erbse (f)	ბარდა	barda
Bohnen (pl)	პარკები	p'ark'ebi
Mais (m)	სიმინდი	simindi
weiße Bohne (f)	ლობიო	lobio
Paprika (m)	წიწაკა	ts'its'ak'a
Radieschen (n)	ბოლოკი	bolok'i
Artischocke (f)	არტიშოკი	art'ishok'i

55. Obst. Nüsse

Frucht (f)	ხილი	khili
Apfel (m)	ვაშლი	vashli
Birne (f)	მსხალი	mskhali
Zitrone (f)	ლიმონი	limoni
Apfelsine (f)	ფორთოხალი	portokhali
Erdbeere (f)	მარწყვი	marts'qvi
Mandarine (f)	მანდარინი	mandarini
Pflaume (f)	ქლიავი	kliavi
Pfirsich (m)	ატამი	at'ami
Aprikose (f)	გარგარი	gargari
Himbeere (f)	ჟოლო	zholo
Ananas (f)	ანანასი	ananasi
Banane (f)	ბანანი	banani
Wassermelone (f)	საზამთრო	sazamtro
Weintrauben (pl)	ყურძენი	qurdzeni
Sauerkirsche (f)	ალუბალი	alubali
Süßkirsche (f)	ბალი	bali
Melone (f)	ნესვი	nesvi
Grapefruit (f)	გრეიფრუტი	greiprut'i
Avocado (f)	ავოკადო	avok'ado
Papaya (f)	პაპაია	p'ap'aia
Mango (f)	მანგო	mango
Granatapfel (m)	ბროწეული	brots'euli
rote Johannisbeere (f)	წითელი მოცხარი	ts'iteli motskhari
schwarze Johannisbeere (f)	შავი მოცხარი	shavi motskhari
Stachelbeere (f)	ხურტკმელი	khurt'k'meli

| Heidelbeere (f) | მოცვი | motsvi |
| Brombeere (f) | მაყვალი | maqvali |

Rosinen (pl)	ქიშმიში	kishmishi
Feige (f)	ლეღვი	leghvi
Dattel (f)	ფინიკი	pinik'i

Erdnuss (f)	მიწის თხილი	mits'is tkhili
Mandel (f)	ნუში	nushi
Walnuss (f)	კაკალი	k'ak'ali
Haselnuss (f)	თხილი	tkhili
Kokosnuss (f)	ქოქოსის კაკალი	kokosis k'ak'ali
Pistazien (pl)	ფსტა	pst'a

56. Brot. Süßigkeiten

Konditorwaren (pl)	საკონდიტრო ნაწარმი	sak'ondit'ro nats'armi
Brot (n)	პური	p'uri
Keks (m, n)	ნამცხვარი	namtskhvari

Schokolade (f)	შოკოლადი	shok'oladi
Schokoladen-	შოკოლადისა	shok'oladisa
Bonbon (m, n)	კანფეტი	k'anpet'i
Kuchen (m)	ტკბილღვეზელა	t'k'bilghvezela
Torte (f)	ტორტი	t'ort'i

| Kuchen (Apfel-) | ღვეზელი | ghvezeli |
| Füllung (f) | შიგთავსი | shigtavsi |

Konfitüre (f)	მურაბა	muraba
Marmelade (f)	მარმელადი	marmeladi
Waffeln (pl)	ვაფლი	vapli
Eis (n)	ნაყინი	naqini
Pudding (m)	პუდინგი	p'udingi

57. Gewürze

Salz (n)	მარილი	marili
salzig (Adj)	მლაშე	mlashe
salzen (vt)	მარილის მოყრა	marilis moqra

schwarzer Pfeffer (m)	პილპილი	p'ilp'ili
roter Pfeffer (m)	წიწაკა	ts'its'ak'a
Senf (m)	მდოგვი	mdogvi
Meerrettich (m)	პირშუშხა	p'irshushkha

| Gewürz (n) | სანელებელი | sanelebeli |
| Gewürz (n) | სუნელი | suneli |

Soße (f)	სოუსი	sousi
Essig (m)	ძმარი	dzmari
Anis (m)	ანისული	anisuli
Basilikum (n)	რეჰანი	rehani
Nelke (f)	მიხაკი	mikhak'i
Ingwer (m)	კოჭა	k'och'a
Koriander (m)	ქინძი	kindzi
Zimt (m)	დარიჩინი	darichini
Sesam (m)	ქუნჟუტი	kunzhut'i
Lorbeerblatt (n)	დაფნის ფოთოლი	dapnis potoli
Paprika (m)	წიწაკა	ts'its'ak'a
Kümmel (m)	კვლიავი	k'vliavi
Safran (m)	ზაფრანა	zaprana

T&P BOOKS

PERSÖNLICHE INFORMATIONEN. FAMILIE

T&P Books Publishing

58. Persönliche Informationen. Formulare

Vorname (m)	სახელი	sakheli
Name (m)	გვარი	gvari
Geburtsdatum (n)	დაბადების თარიღი	dabadebis tarighi
Geburtsort (m)	დაბადების ადგილი	dabadebis adgili
Nationalität (f)	ეროვნება	erovneba
Wohnort (m)	საცხოვრებელი ადგილი	satskhovrebeli adgili
Land (n)	ქვეყანა	kveqana
Beruf (m)	პროფესია	p'ropesia
Geschlecht (n)	სქესი	skesi
Größe (f)	სიმაღლე	simaghle
Gewicht (n)	წონა	ts'ona

59. Familienmitglieder. Verwandte

Mutter (f)	დედა	deda
Vater (m)	მამა	mama
Sohn (m)	ვაჟიშვილი	vazhishvili
Tochter (f)	ქალიშვილი	kalishvili
jüngste Tochter (f)	უმცროსი ქალიშვილი	umtsrosi kalishvili
jüngste Sohn (m)	უმცროსი ვაჟიშვილი	umtsrosi vazhishvili
ältere Tochter (f)	უფროსი ქალიშვილი	uprosi kalishvili
älterer Sohn (m)	უფროსი ვაჟიშვილი	uprosi vazhishvili
Bruder (m)	ძმა	dzma
Schwester (f)	და	da
Mama (f)	დედა	deda
Papa (m)	მამა	mama
Eltern (pl)	მშობლები	mshoblebi
Kind (n)	შვილი	shvili
Kinder (pl)	შვილები	shvilebi
Großmutter (f)	ბებია	bebia
Großvater (m)	პაპა	p'ap'a
Enkel (m)	შვილიშვილი	shvilishvili
Enkelin (f)	შვილიშვილი	shvilishvili
Enkelkinder (pl)	შვილიშვილები	shvilishvilebi
Onkel (m)	ბიძა	bidza
Schwiegermutter (f)	სიდედრი	sidedri

Schwiegervater (m)	მამამთილი	mamamtili
Schwiegersohn (m)	სიძე	sidze
Stiefmutter (f)	დედინაცვალი	dedinatsvali
Stiefvater (m)	მამინაცვალი	maminatsvali

Säugling (m)	ძუძუმწოვარა ბავშვი	dzudzumts'ovara bavshvi
Kleinkind (n)	ჩვილი	chvili
Kleine (m)	ბიჭუნა	bich'una

Frau (f)	ცოლი	tsoli
Mann (m)	ქმარი	kmari
Ehemann (m)	მეუღლე	meughle
Gemahlin (f)	მეუღლე	meughle

verheiratet (Ehemann)	ცოლიანი	tsoliani
verheiratet (Ehefrau)	გათხოვილი	gatkhovili
ledig	უცოლშვილო	utsolshvilo
Junggeselle (m)	უცოლშვილო	utsolshvilo
geschieden (Adj)	განქორწინებული	gankorts'inebuli
Witwe (f)	ქვრივი	kvrivi
Witwer (m)	ქვრივი	kvrivi

Verwandte (m)	ნათესავი	natesavi
naher Verwandter (m)	ახლო ნათესავი	akhlo natesavi
entfernter Verwandter (m)	შორეული ნათესავი	shoreuli natesavi
Verwandte (pl)	ნათესავები	natesavebi

Waise (m, f)	ობოლი	oboli
Vormund (m)	მეურვე	meurve
adoptieren (einen Jungen)	შვილად აყვანა	shvilad aqvana
adoptieren (ein Mädchen)	შვილად აყვანა	shvilad aqvana

60. Freunde. Arbeitskollegen

Freund (m)	მეგობარი	megobari
Freundin (f)	მეგობარი	megobari
Freundschaft (f)	მეგობრობა	megobroba
befreundet sein	მეგობრობა	megobroba

Freund (m)	ძმაკაცი	dzmak'atsi
Freundin (f)	დაქალი	dakali
Partner (m)	პარტნიორი	p'art'niori

Chef (m)	შეფი	shepi
Vorgesetzte (m)	უფროსი	uprosi
Untergeordnete (m)	ხელქვეითი	khelkveiti
Kollege (m), Kollegin (f)	კოლეგა	k'olega

| Bekannte (m) | ნაცნობი | natsnobi |
| Reisegefährte (m) | თანამგზავრი | tanamgzavri |

Mitschüler (m)	თანაკლასელი	tanak'laseli
Nachbar (m)	მეზობელი	mezobeli
Nachbarin (f)	მეზობელი	mezobeli
Nachbarn (pl)	მეზობლები	mezoblebi

T&P BOOKS

MENSCHLICHER KÖRPER. MEDIZIN

T&P Books Publishing

61. Kopf

Kopf (m)	თავი	tavi
Gesicht (n)	სახე	sakhe
Nase (f)	ცხვირი	tskhviri
Mund (m)	პირი	p'iri

Auge (n)	თვალი	tvali
Augen (pl)	თვალები	tvalebi
Pupille (f)	გუგა	guga
Augenbraue (f)	წარბი	ts'arbi
Wimper (f)	წამწამი	ts'amts'ami
Augenlid (n)	ქუთუთო	kututo

Zunge (f)	ენა	ena
Zahn (m)	კბილი	k'bili
Lippen (pl)	ტუჩები	t'uchebi
Backenknochen (pl)	ყვრიმალები	qvrimalebi
Zahnfleisch (n)	ღრძილი	ghrdzili
Gaumen (m)	სასა	sasa

Nasenlöcher (pl)	ნესტოები	nest'oebi
Kinn (n)	ნიკაპი	nik'ap'i
Kiefer (m)	ყბა	qba
Wange (f)	ლოყა	loqa

Stirn (f)	შუბლი	shubli
Schläfe (f)	საფეთქელი	sapetkeli
Ohr (n)	ყური	quri
Nacken (m)	კეფა	k'epa
Hals (m)	კისერი	k'iseri
Kehle (f)	ყელი	qeli

Haare (pl)	თმები	tmebi
Frisur (f)	ვარცხნილობა	vartskhniloba
Haarschnitt (m)	შეკრეჭილი თმა	shek'rech'ili tma
Perücke (f)	პარიკი	p'arik'i

Schnurrbart (m)	ულვაშები	ulvashebi
Bart (m)	წვერი	ts'veri
haben (einen Bart ~)	ტარება	t'areba
Zopf (m)	ნაწნავი	nats'navi
Backenbart (m)	ბაკენბარდები	bak'enbardebi

rothaarig	წითური	ts'ituri
grau	ჭაღარა	ch'aghara

| kahl | მელოტი | melot'i |
| Glatze (f) | მელოტი | melot'i |

| Pferdeschwanz (m) | კუდი | k'udi |
| Pony (Ponyfrisur) | შუბლზე შეჭრილი თმა | shublze shech'rili tma |

62. Menschlicher Körper

| Hand (f) | მტევანი | mt'evani |
| Arm (m) | მკლავი | mk'lavi |

| Finger (m) | თითი | titi |
| Daumen (m) | ცერა თითი | tsera titi |

| kleiner Finger (m) | ნეკი | nek'i |
| Nagel (m) | ფრჩხილი | prchkhili |

Faust (f)	მუშტი	musht'i
Handfläche (f)	ხელისგული	khelisguli
Handgelenk (n)	მაჯა	maja
Unterarm (m)	წინამხარი	ts'inamkhari

| Ellbogen (m) | იდაყვი | idaqvi |
| Schulter (f) | მხარი | mkhari |

Bein (n)	ფეხი	pekhi
Fuß (m)	ტერფი	t'erpi
Knie (n)	მუხლი	mukhli
Wade (f)	წვივი	ts'vivi

| Hüfte (f) | თეძო | tedzo |
| Ferse (f) | ქუსლი | kusli |

Körper (m)	ტანი	t'ani
Bauch (m)	მუცელი	mutseli
Brust (f)	მკერდი	mk'erdi
Busen (m)	მკერდი	mk'erdi
Seite (f), Flanke (f)	გვერდი	gverdi
Rücken (m)	ზურგი	zurgi

| Kreuz (n) | წელი | ts'eli |
| Taille (f) | წელი | ts'eli |

Nabel (m)	ჭიპი	ch'ip'i
Gesäßbacken (pl)	დუნდულები	dundulebi
Hinterteil (n)	საჯდომი	sajdomi

Leberfleck (m)	ხალი	khali
Tätowierung (f)	ტატუირება	t'at'uireba
Narbe (f)	ნაიარევი	naiarevi

63. Krankheiten

Krankheit (f)	ავადმყოფობა	avadmqopoba
krank sein	ავადმყოფობა	avadmqopoba
Gesundheit (f)	ჯანმრთელობა	janmrteloba
Schnupfen (m)	სურდო	surdo
Angina (f)	ანგინა	angina
Erkältung (f)	გაცივება	gatsiveba
sich erkälten	გაცივება	gatsiveba
Bronchitis (f)	ბრონქიტი	bronkit'i
Lungenentzündung (f)	ფილტვების ანთება	pilt'vebis anteba
Grippe (f)	გრიპი	grip'i
kurzsichtig	ახლომხედველი	akhlomkhedveli
weitsichtig	შორსმხედველი	shorsmkhedveli
Schielen (n)	სიელმე	sielme
schielend (Adj)	ელამი	elami
grauer Star (m)	კატარაქტა	k'at'arakt'a
Glaukom (n)	გლაუკომა	glauk'oma
Schlaganfall (m)	ინსულტი	insult'i
Infarkt (m)	ინფარქტი	inparkt'i
Herzinfarkt (m)	მიოკარდის ინფარქტი	miok'ardis inparkt'i
Lähmung (f)	დამბლა	dambla
lähmen (vt)	დამბლის დაცემა	damblis datsema
Allergie (f)	ალერგია	alergia
Asthma (n)	ასთმა	astma
Diabetes (m)	დიაბეტი	diabet'i
Zahnschmerz (m)	კბილის ტკივილი	k'bilis t'k'ivili
Karies (f)	კარიესი	k'ariesi
Durchfall (m)	დიარეა	diarea
Verstopfung (f)	კუჭში შეკრულობა	k'uch'shi shek'ruloba
Magenverstimmung (f)	კუჭის აშლილობა	k'uch'is ashliloba
Vergiftung (f)	მოწამვლა	mots'amvla
Vergiftung bekommen	მოწამვლა	mots'amvla
Arthritis (f)	ართრიტი	artrit'i
Rachitis (f)	რაქიტი	rakit'i
Rheumatismus (m)	რევმატიზმი	revmat'izmi
Atherosklerose (f)	ათეროსკლეროზი	aterosk'lerozi
Gastritis (f)	გასტრიტი	gast'rit'i
Blinddarmentzündung (f)	აპენდიციტი	ap'enditsit'i
Cholezystitis (f)	ქოლეცისტიტი	koletsist'it'i
Geschwür (n)	წყლული	ts'qluli
Masern (pl)	წითელა	ts'itela

Röteln (pl)	წითურა	ts'itura
Gelbsucht (f)	სიყვითლე	siqvitle
Hepatitis (f)	ჰეპატიტი	hep'at'it'i
Schizophrenie (f)	შიზოფრენია	shizoprenia
Tollwut (f)	ცოფი	tsopi
Neurose (f)	ნევროზი	nevrozi
Gehirnerschütterung (f)	ტვინის შერყევა	t'vinis sherqeva
Krebs (m)	კიბო	k'ibo
Sklerose (f)	სკლეროზი	sk'lerozi
multiple Sklerose (f)	გაფანტული სკლეროზი	gapant'uli sk'lerozi
Alkoholismus (m)	ალკოჰოლიზმი	alk'oholizmi
Alkoholiker (m)	ალკოჰოლიკი	alk'oholik'i
Syphilis (f)	სიფილისი	sipilisi
AIDS	შიდსი	shidsi
Tumor (m)	სიმსივნე	simsivne
Fieber (n)	ციება	tsieba
Malaria (f)	მალარია	malaria
Gangrän (f, n)	განგრენა	gangrena
Seekrankheit (f)	ზღვის ავადმყოფობა	zghvis avadmqopoba
Epilepsie (f)	ეპილეფსია	ep'ilepsia
Epidemie (f)	ეპიდემია	ep'idemia
Typhus (m)	ტიფი	t'ipi
Tuberkulose (f)	ტუბერკულოზი	t'uberk'ulozi
Cholera (f)	ქოლერა	kolera
Pest (f)	შავი ჭირი	shavi ch'iri

64. Symptome. Behandlungen. Teil 1

Symptom (n)	სიმპტომი	simp't'omi
Temperatur (f)	სიცხე	sitskhe
Fieber (n)	მაღალი სიცხე	maghali sitskhe
Puls (m)	პულსი	p'ulsi
Schwindel (m)	თავბრუსხვევა	tavbruskhveva
heiß (Stirne usw.)	ცხელი	tskheli
Schüttelfrost (m)	შეციება	shetsieba
blass (z.B. -es Gesicht)	ფერმიხდილი	permikhdili
Husten (m)	ხველა	khvela
husten (vi)	ხველება	khveleba
niesen (vi)	ცხვირის ცემინება	tskhviris tsemineba
Ohnmacht (f)	გულის წასვლა	gulis ts'asvla
ohnmächtig werden	გულის წასვლა	gulis ts'asvla
blauer Fleck (m)	ლები	lebi
Beule (f)	კოპი	k'op'i

sich stoßen	დაჯახება	dajakheba
Prellung (f)	დაჟეჟილობა	dazhezhiloba
sich stoßen	დაჟეჟვა	dazhezhva

hinken (vi)	კოჭლობა	k'och'loba
Verrenkung (f)	ღრძობა	ghrdzoba
ausrenken (vt)	ღრძობა	ghrdzoba
Fraktur (f)	მოტეხილობა	mot'ekhiloba
brechen (Arm usw.)	მოტეხა	mot'ekha

Schnittwunde (f)	ჭრილობა	ch'riloba
sich schneiden	გაჭრა	gach'ra
Blutung (f)	სისხლდენა	siskhldena

| Verbrennung (f) | დამწვრობა | damts'vroba |
| sich verbrennen | დაწვა | dats'va |

stechen (vt)	ჩხვლეტა	chkhvlet'a
sich stechen	ჩხვლეტა	chkhvlet'a
verletzen (vt)	დაზიანება	dazianeba
Verletzung (f)	დაზიანება	dazianeba
Wunde (f)	ჭრილობა	ch'riloba
Trauma (n)	ტრავმა	t'ravma

irrereden (vi)	ბოდვა	bodva
stottern (vi)	ბორძიკით ლაპარაკი	bordzik'it lap'arak'i
Sonnenstich (m)	მზის დაკვრა	mzis dak'vra

65. Symptome. Behandlungen. Teil 2

| Schmerz (m) | ტკივილი | t'k'ivili |
| Splitter (m) | ხიწვი | khits'vi |

Schweiß (m)	ოფლი	opli
schwitzen (vi)	გაოფლიანება	gaoplianeba
Erbrechen (n)	პირღებინება	p'irghebineba
Krämpfe (pl)	კრუნჩხვები	k'runchkhvebi

schwanger	ორსული	orsuli
geboren sein	დაბადება	dabadeba
Geburt (f)	მშობიარობა	mshobiaroba
gebären (vt)	გაჩენა	gachena
Abtreibung (f)	აბორტი	abort'i

Atem (m)	სუნთქვა	suntkva
Atemzug (m)	შესუნთქვა	shesuntkva
Ausatmung (f)	ამოსუნთქვა	amosuntkva
ausatmen (vt)	ამოსუნთქვა	amosuntkva
einatmen (vt)	შესუნთქვა	shesuntkva
Invalide (m)	ინვალიდი	invalidi

Krüppel (m)	ხეიბარი	kheibari
Drogenabhängiger (m)	ნარკომანი	nark'omani

taub	ყრუ	qru
stumm	მუნჯი	munji
taubstumm	ყრუ-მუნჯი	qru-munji

verrückt (Adj)	გიჟი	gizhi
Irre (m)	გიჟი	gizhi
Irre (f)	გიჟი	gizhi
den Verstand verlieren	ჭკუაზე შეშლა	ch'k'uaze sheshla

Gen (n)	გენი	geni
Immunität (f)	იმუნიტეტი	imunit'et'i
erblich	მემკვიდრეობითი	memk'vidreobiti
angeboren	თანდაყოლილი	tandaqolili

Virus (m, n)	ვირუსი	virusi
Mikrobe (f)	მიკრობი	mik'robi
Bakterie (f)	ბაქტერია	bakt'eria
Infektion (f)	ინფექცია	inpektsia

66. Symptome. Behandlungen. Teil 3

Krankenhaus (n)	საავადმყოფო	saavadmqopo
Patient (m)	პაციენტი	p'atsient'i

Diagnose (f)	დიაგნოზი	diagnozi
Heilung (f)	მკურნალობა	mk'urnaloba
Behandlung bekommen	მკურნალობა	mk'urnaloba
behandeln (vt)	მკურნალობა	mk'urnaloba
pflegen (Kranke)	მოვლა	movla
Pflege (f)	მოვლა	movla

Operation (f)	ოპერაცია	op'eratsia
verbinden (vt)	შეხვევა	shekhveva
Verband (m)	სახვევი	sakhvevi

Impfung (f)	აცრა	atsra
impfen (vt)	აცრის გაკეთება	atsris gak'eteba
Spritze (f)	ნემსი	nemsi
eine Spritze geben	ნემსის გაკეთება	nemsis gak'eteba

Anfall (m)	შეტევა	shet'eva
Amputation (f)	ამპუტაცია	amp'ut'atsia
amputieren (vt)	ამპუტირება	amp'ut'ireba
Koma (n)	კომა	k'oma
im Koma liegen	კომაში ყოფნა	k'omashi qopna
Reanimation (f)	რეანიმაცია	reanimatsia
genesen von … (vi)	გამოჯანმრთელება	gamojanmrteleba

Zustand (m)	მდგომარეობა	mdgomareoba
Bewusstsein (n)	ცნობიერება	tsnobiereba
Gedächtnis (n)	მეხსიერება	mekhsiereba
ziehen (einen Zahn ~)	ამოღება	amogheba
Plombe (f)	ბჟენი	bzheni
plombieren (vt)	დაბჟენა	dabzhena
Hypnose (f)	ჰიპნოზი	hip'nozi
hypnotisieren (vt)	ჰიპნოტიზირება	hip'not'izireba

67. Medizin. Medikamente. Accessoires

Arznei (f)	წამალი	ts'amali
Heilmittel (n)	საშუალება	sashualeba
verschreiben (vt)	გამოწერა	gamots'era
Rezept (n)	რეცეპტი	retsep't'i
Tablette (f)	აბი	abi
Salbe (f)	მალამო	malamo
Ampulle (f)	ამპულა	amp'ula
Mixtur (f)	მიქსტურა	mikst'ura
Sirup (m)	სიროფი	siropi
Pille (f)	აბი	abi
Pulver (n)	ფხვნილი	pkhvnili
Verband (m)	ბინტი	bint'i
Watte (f)	ბამბა	bamba
Jod (n)	იოდი	iodi
Pflaster (n)	ლეიკოპლასტირი	leik'op'last'iri
Pipette (f)	პიპეტი	p'ip'et'i
Thermometer (n)	სიცხის საზომი	sitskhis sazomi
Spritze (f)	შპრიცი	shp'ritsi
Rollstuhl (m)	ეტლი	et'li
Krücken (pl)	ყავარჯნები	qavarjnebi
Betäubungsmittel (n)	ტკივილგამაყუჩებელი	t'k'ivilgamaquchebeli
Abführmittel (n)	სასაქმებელი	sasakmebeli
Spiritus (m)	სპირტი	sp'irt'i
Heilkraut (n)	ბალახი	balakhi
Kräuter- (z.B. Kräutertee)	ბალახისა	balakhisa

T&P BOOKS

WOHNUNG

T&P Books Publishing

68. Wohnung

Wohnung (f)	ბინა	bina
Zimmer (n)	ოთახი	otakhi
Schlafzimmer (n)	საწოლი ოთახი	sats'oli otakhi
Esszimmer (n)	სასადილო ოთახი	sasadilo otakhi
Wohnzimmer (n)	სასტუმრო ოთახი	sast'umro otakhi
Arbeitszimmer (n)	კაბინეტი	k'abinet'i
Vorzimmer (n)	წინა ოთახი	ts'ina otakhi
Badezimmer (n)	სააბაზანო ოთახი	saabazano otakhi
Toilette (f)	საპირფარეშო	sap'irparesho
Decke (f)	ჭერი	ch'eri
Fußboden (m)	იატაკი	iat'ak'i
Ecke (f)	კუთხე	k'utkhe

69. Möbel. Innenausstattung

Möbel (n)	ავეჯი	aveji
Tisch (m)	მაგიდა	magida
Stuhl (m)	სკამი	sk'ami
Bett (n)	საწოლი	sats'oli
Sofa (n)	დივანი	divani
Sessel (m)	სავარძელი	savardzeli
Bücherschrank (m)	კარადა	k'arada
Regal (n)	თარო	taro
Schrank (m)	კარადა	k'arada
Hakenleiste (f)	საკიდი	sak'idi
Kleiderständer (m)	საკიდი	sak'idi
Kommode (f)	კომოდი	k'omodi
Couchtisch (m)	ჟურნალების მაგიდა	zhurnalebis magida
Spiegel (m)	სარკე	sark'e
Teppich (m)	ხალიჩა	khalicha
Matte (kleiner Teppich)	პატარა ნოხი	p'at'ara nokhi
Kamin (m)	ბუხარი	bukhari
Kerze (f)	სანთელი	santeli
Kerzenleuchter (m)	შანდალი	shandali
Vorhänge (pl)	ფარდები	pardebi

Tapete (f)	შპალერი	shp'aleri
Jalousie (f)	ჟალუზი	zhaluzi
Tischlampe (f)	მაგიდის ლამპა	magidis lamp'a
Leuchte (f)	ლამპარი	lamp'ari
Stehlampe (f)	ტორშერი	t'orsheri
Kronleuchter (m)	ჭაღი	ch'aghi
Bein (Tischbein usw.)	ფეხი	pekhi
Armlehne (f)	საიდაყვე	saidaqve
Lehne (f)	ზურგი	zurgi
Schublade (f)	უჯრა	ujra

70. Bettwäsche

Bettwäsche (f)	თეთრეული	tetreuli
Kissen (n)	ბალიში	balishi
Kissenbezug (m)	ბალიშისპირი	balishisp'iri
Bettdecke (f)	საბანი	sabani
Laken (n)	ზეწარი	zets'ari
Tagesdecke (f)	გადასაფარებელი	gadasaparebeli

71. Küche

Küche (f)	სამზარეულო	samzareulo
Gas (n)	აირი	airi
Gasherd (m)	გაზქურა	gazkura
Elektroherd (m)	ელექტროქურა	elekt'rokura
Backofen (m)	ფურნაკი	purnak'i
Mikrowellenherd (m)	მიკროტალღოვანი ღუმელი	mik'rot'alghovani ghumeli
Kühlschrank (m)	მაცივარი	matsivari
Tiefkühltruhe (f)	საყინულე	saqinule
Geschirrspülmaschine (f)	ჭურჭლის სარეცხი მანქანა	ch'urch'lis saretskhi mankana
Fleischwolf (m)	ხორცსაკეპი	khortssak'ep'i
Saftpresse (f)	წვენსაწური	ts'vensats'uri
Toaster (m)	ტოსტერი	t'ost'eri
Mixer (m)	მიქსერი	mikseri
Kaffeemaschine (f)	ყავის სახარში	qavis sakharshi
Kaffeekanne (f)	ყავადანი	qavadani
Kaffeemühle (f)	ყავის საფქვავი	qavis sapkvavi
Wasserkessel (m)	ჩაიდანი	chaidani
Teekanne (f)	ჩაიდანი	chaidani

Deckel (m)	ხუფი	khupi
Teesieb (n)	საწური	sats'uri

Löffel (m)	კოვზი	k'ovzi
Teelöffel (m)	ჩაის კოვზი	chais k'ovzi
Esslöffel (m)	სადილის კოვზი	sadilis k'ovzi
Gabel (f)	ჩანგალი	changali
Messer (n)	დანა	dana

Geschirr (n)	ჭურჭელი	ch'urch'eli
Teller (m)	თეფში	tepshi
Untertasse (f)	ლამბაქი	lambaki

Schnapsglas (n)	სირჩა	sircha
Glas (n)	ჭიქა	ch'ika
Tasse (f)	ფინჯანი	pinjani

Zuckerdose (f)	საშაქრე	sashakre
Salzstreuer (m)	სამარილე	samarile
Pfefferstreuer (m)	საპილპილე	sap'ilp'ile
Butterdose (f)	საკარაქე	sak'arake

Kochtopf (m)	ქვაბი	kvabi
Pfanne (f)	ტაფა	t'apa
Schöpflöffel (m)	ჩამჩა	chamcha
Durchschlag (m)	თუშფალანგი	tushpalangi
Tablett (n)	ლანგარი	langari

Flasche (f)	ბოთლი	botli
Glas (Einmachglas)	ქილა	kila
Dose (f)	ქილა	kila

Flaschenöffner (m)	გასახსნელი	gasakhsneli
Dosenöffner (m)	გასახსნელი	gasakhsneli
Korkenzieher (m)	შტოპორი	sht'op'ori
Filter (n)	ფილტრი	pilt'ri
filtern (vt)	ფილტვრა	pilt'vra

Müll (m)	ნაგავი	nagavi
Mülleimer, Treteimer (m)	სანაგვე ვედრო	sanagve vedro

72. Bad

Badezimmer (n)	სააბაზანო ოთახი	saabazano otakhi
Wasser (n)	წყალი	ts'qali
Wasserhahn (m)	ონკანი	onk'ani
Warmwasser (n)	ცხელი წყალი	tskheli ts'qali
Kaltwasser (n)	ცივი წყალი	tsivi ts'qali
Zahnpasta (f)	კბილის პასტა	k'bilis p'ast'a
Zähne putzen	კბილების წმენდა	k'bilebis ts'menda

sich rasieren	პარსვა	p'arsva
Rasierschaum (m)	საპარსი ქაფი	sap'arsi kapi
Rasierer (m)	სამართებელი	samartebeli
waschen (vt)	რეცხვა	retskhva
sich waschen	დაბანა	dabana
Dusche (f)	შხაპი	shkhap'i
sich duschen	შხაპის მიღება	shkhap'is migheba
Badewanne (f)	აბაზანა	abazana
Klosettbecken (n)	უნიტაზი	unit'azi
Waschbecken (n)	ნიჟარა	nizhara
Seife (f)	საპონი	sap'oni
Seifenschale (f)	სასაპნე	sasap'ne
Schwamm (m)	ღრუბელი	ghrubeli
Shampoo (n)	შამპუნი	shamp'uni
Handtuch (n)	პირსახოცი	p'irsakhotsi
Bademantel (m)	ხალათი	khalati
Wäsche (f)	რეცხვა	retskhva
Waschmaschine (f)	სარეცხი მანქანა	saretskhi mankana
waschen (vt)	თეთრეულის რეცვხა	tetreulis retsvkha
Waschpulver (n)	სარეცხი ფხვნილი	saretskhi pkhvnili

73. Haushaltsgeräte

Fernseher (m)	ტელევიზორი	t'elevizori
Tonbandgerät (n)	მაგნიტოფონი	magnit'oponi
Videorekorder (m)	ვიდეომაგნიტოფონი	videomagnit'oponi
Empfänger (m)	მიმღები	mimghebi
Player (m)	ფლეერი	pleeri
Videoprojektor (m)	ვიდეოპროექტორი	videop'roekt'ori
Heimkino (n)	სახლის კინოთეატრი	sakhlis k'inoteat'ri
DVD-Player (m)	DVD-საკრავი	DVD-sak'ravi
Verstärker (m)	გამაძლიერებელი	gamadzlierebeli
Spielkonsole (f)	სათამაშო მისადგამი	satamasho misadgami
Videokamera (f)	ვიდეოკამერა	videok'amera
Kamera (f)	ფოტოაპარატი	pot'oap'arat'i
Digitalkamera (f)	ციფრული ფოტოაპარატი	tsipruli pot'oap'arat'i
Staubsauger (m)	მტვერსასრუტი	mt'versasrut'i
Bügeleisen (n)	უთო	uto
Bügelbrett (n)	საუთოებელი დაფა	sautoebeli dapa
Telefon (n)	ტელეფონი	t'eleponi
Mobiltelefon (n)	მობილური ტელეფონი	mobiluri t'eleponi

| Schreibmaschine (f) | მანქანა | mankana |
| Nähmaschine (f) | მანქანა | mankana |

Mikrophon (n)	მიკროფონი	mik'roponi
Kopfhörer (m)	საყურისი	saqurisi
Fernbedienung (f)	პულტი	p'ult'i

CD (f)	CD-დისკი	CD-disk'i
Kassette (f)	კასეტი	k'aset'i
Schallplatte (f)	ფირფიტა	pirpit'a

T&P BOOKS

DIE ERDE. WETTER

T&P Books Publishing

74. Weltall

Kosmos (m)	კოსმოსი	k'osmosi
kosmisch, Raum-	კოსმოსური	k'osmosuri
Weltraum (m)	კოსმოსური სივრცე	k'osmosuri sivrtse
All (n)	მსოფლიო	msoplio
Universum (n)	სამყარო	samqaro
Galaxie (f)	გალაქტიკა	galakt'ik'a
Stern (m)	ვარსკვლავი	varsk'vlavi
Gestirn (n)	თანავარსკვლავედი	tanavarsk'vlavedi
Planet (m)	პლანეტა	p'lanet'a
Satellit (m)	თანამგზავრი	tanamgzavri
Meteorit (m)	მეტეორიტი	met'eorit'i
Komet (m)	კომეტა	k'omet'a
Asteroid (m)	ასტეროიდი	ast'eroidi
Umlaufbahn (f)	ორბიტა	orbit'a
sich drehen	ბრუნვა	brunva
Atmosphäre (f)	ატმოსფერო	at'mospero
Sonne (f)	მზე	mze
Sonnensystem (n)	მზის სისტემა	mzis sist'ema
Sonnenfinsternis (f)	მზის დაბნელება	mzis dabneleba
Erde (f)	დედამიწა	dedamits'a
Mond (m)	მთვარე	mtvare
Mars (m)	მარსი	marsi
Venus (f)	ვენერა	venera
Jupiter (m)	იუპიტერი	iup'it'eri
Saturn (m)	სატურნი	sat'urni
Merkur (m)	მერკური	merk'uri
Uran (m)	ურანი	urani
Neptun (m)	ნეპტუნი	nep't'uni
Pluto (m)	პლუტონი	p'lut'oni
Milchstraße (f)	ირმის ნახტომი	irmis nakht'omi
Der Große Bär	დიდი დათვი	didi datvi
Polarstern (m)	პოლარული ვარსკვლავი	p'olaruli varsk'vlavi
Marsbewohner (m)	მარსიელი	marsieli
Außerirdischer (m)	უცხოპლანეტელი	utskhop'lanet'eli

außerirdisches Wesen (n)	სხვა სამყაროდან ჩამოსული	skhva samqarodan chamosuli
fliegende Untertasse (f)	მფრინავი თეფში	mprinavi tepshi
Raumschiff (n)	კოსმოსური ხომალდი	k'osmosuri khomaldi
Raumstation (f)	ორბიტალური სადგური	orbit'aluri sadguri
Raketenstart (m)	სტარტი	st'art'i
Triebwerk (n)	ძრავა	dzrava
Düse (f)	საქშენი	saksheni
Treibstoff (m)	საწვავი	sats'vavi
Kabine (f)	კაბინა	k'abina
Antenne (f)	ანტენა	ant'ena
Bullauge (n)	ილუმინატორი	iluminat'ori
Sonnenbatterie (f)	მზის ბატარეა	mzis bat'area
Raumanzug (m)	სკაფანდრი	sk'apandri
Schwerelosigkeit (f)	უწონადობა	uts'onadoba
Sauerstoff (m)	ჟანგბადი	zhangbadi
Ankopplung (f)	შეერთება	sheerteba
koppeln (vi)	შეერთების წარმოება	sheertebis ts'armoeba
Observatorium (n)	ობსერვატორია	observat'oria
Teleskop (n)	ტელესკოპი	t'elesk'op'i
beobachten (vt)	დაკვირვება	dak'virveba
erforschen (vt)	გამოკვლევა	gamok'vleva

75. Die Erde

Erde (f)	დედამიწა	dedamits'a
Erdkugel (f)	დედამიწის სფერო	dedamits'is spero
Planet (m)	პლანეტა	p'lanet'a
Atmosphäre (f)	ატმოსფერო	at'mospero
Geographie (f)	გეოგრაფია	geograpia
Natur (f)	ბუნება	buneba
Globus (m)	გლობუსი	globusi
Landkarte (f)	რუქა	ruka
Atlas (m)	ატლასი	at'lasi
Europa (n)	ევროპა	evrop'a
Asien (n)	აზია	azia
Afrika (n)	აფრიკა	aprik'a
Australien (n)	ავსტრალია	avst'ralia
Amerika (n)	ამერიკა	amerik'a
Nordamerika (n)	ჩრდილოეთ ამერიკა	chrdiloet amerik'a

Südamerika (n)	სამხრეთ ამერიკა	samkhret amerik'a
Antarktis (f)	ანტარქტიდა	ant'arkt'ida
Arktis (f)	არქტიკა	arkt'ik'a

76. Himmelsrichtungen

Norden (m)	ჩრდილოეთი	chrdiloeti
nach Norden	ჩრდილოეთისკენ	chrdiloetisk'en
im Norden	ჩრდილოეთში	chrdiloetshi
nördlich	ჩრდილოეთის	chrdiloetis
Süden (m)	სამხრეთი	samkhreti
nach Süden	სამხრეთისკენ	samkhretisk'en
im Süden	სამხრეთში	samkhretshi
südlich	სამხრეთის	samkhretis
Westen (m)	დასავლეთი	dasavleti
nach Westen	დასავლეთისკენ	dasavletisk'en
im Westen	დასავლეთში	dasavletshi
westlich, West-	დასავლეთის	dasavletis
Osten (m)	აღმოსავლეთი	aghmosavleti
nach Osten	აღმოსავლეთისკენ	aghmosavletisk'en
im Osten	აღმოსავლეთში	aghmosavletshi
östlich	აღმოსავლეთის	aghmosavletis

77. Meer. Ozean

Meer (n), See (f)	ზღვა	zghva
Ozean (m)	ოკეანე	ok'eane
Golf (m)	ყურე	qure
Meerenge (f)	სრუტე	srut'e
Kontinent (m)	მატერიკი	mat'erik'i
Insel (f)	კუნძული	k'undzuli
Halbinsel (f)	ნახევარკუნძული	nakhevark'undzuli
Archipel (m)	არქიპელაგი	arkip'elagi
Bucht (f)	ყურე	qure
Hafen (m)	ნავსადგური	navsadguri
Lagune (f)	ლაგუნა	laguna
Kap (n)	კონცხი	k'ontskhi
Atoll (n)	ატოლი	at'oli
Riff (n)	რიფი	ripi
Koralle (f)	მარჯანი	marjani
Korallenriff (n)	მარჯნის რიფი	marjnis ripi
tief (Adj)	ღრმა	ghrma

Tiefe (f)	სიღრმე	sighrme
Abgrund (m)	უფსკრული	upsk'ruli
Graben (m)	ღრმული	ghrmuli
Strom (m)	დინება	dineba
umspülen (vt)	გაბანა	gabana
Ufer (n)	ნაპირი	nap'iri
Küste (f)	სანაპირო	sanap'iro
Flut (f)	მოქცევა	moktseva
Ebbe (f)	მიქცევა	miktseva
Sandbank (f)	მეჩეჩი	mechechi
Boden (m)	ფსკერი	psk'eri
Welle (f)	ტალღა	t'algha
Wellenkamm (m)	ტალღის ქოჩორი	t'alghis kochori
Schaum (m)	ქაფი	kapi
Sturm (m)	ქარიშხალი	karishkhali
Orkan (m)	გრიგალი	grigali
Tsunami (m)	ცუნამი	tsunami
Windstille (f)	მყუდროება	mqudroeba
ruhig	წყნარი	ts'qnari
Pol (m)	პოლუსი	p'olusi
Polar-	პოლარული	p'olaruli
Breite (f)	განედი	ganedi
Länge (f)	გრძედი	grdzedi
Breitenkreis (m)	პარალელი	p'araleli
Äquator (m)	ეკვატორი	ek'vat'ori
Himmel (m)	ცა	tsa
Horizont (m)	ჰორიზონტი	horizont'i
Luft (f)	ჰაერი	haeri
Leuchtturm (m)	შუქურა	shukura
tauchen (vi)	ყვინთვა	qvintva
versinken (vi)	ჩაძირვა	chadzirva
Schätze (pl)	განძი	gandzi

78. Namen der Meere und Ozeane

Atlantischer Ozean (m)	ატლანტის ოკეანე	at'lant'is ok'eane
Indischer Ozean (m)	ინდოეთის ოკეანე	indoetis ok'eane
Pazifischer Ozean (m)	წყნარი ოკეანე	ts'qnari ok'eane
Arktischer Ozean (m)	ჩრდილოეთის ყინულოვანი ოკეანე	chrdiloetis qinulovani ok'eane
Schwarzes Meer (n)	შავი ზღვა	shavi zghva

Rotes Meer (n)	წითელი ზღვა	ts'iteli zghva
Gelbes Meer (n)	ყვითელი ზღვა	qviteli zghva
Weißes Meer (n)	თეთრი ზღვა	tetri zghva
Kaspisches Meer (n)	კასპიის ზღვა	k'asp'iis zghva
Totes Meer (n)	მკვდარი ზღვა	mk'vdari zghva
Mittelmeer (n)	ხმელთაშუა ზღვა	khmeltashua zghva
Ägäisches Meer (n)	ეგეოსის ზღვა	egeosis zghva
Adriatisches Meer (n)	ადრიატიკის ზღვა	adriat'ik'is zghva
Arabisches Meer (n)	არავიის ზღვა	araviis zghva
Japanisches Meer (n)	იაპონიის ზღვა	iap'oniis zghva
Beringmeer (n)	ბერინგის ზღვა	beringis zghva
Südchinesisches Meer (n)	სამხრეთ-ჩინეთის ზღვა	samkhret-chinetis zghva
Korallenmeer (n)	მარჯნის ზღვა	marjnis zghva
Tasmansee (f)	ტასმანიის ზღვა	t'asmaniis zghva
Karibisches Meer (n)	კარიბის ზღვა	k'aribis zghva
Barentssee (f)	ბარენცის ზღვა	barentsis zghva
Karasee (f)	კარსის ზღვა	k'arsis zghva
Nordsee (f)	ჩრდილოეთის ზღვა	chrdiloetis zghva
Ostsee (f)	ბალტიის ზღვა	balt'iis zghva
Nordmeer (n)	ნორვეგიის ზღვა	norvegiis zghva

79. Berge

Berg (m)	მთა	mta
Gebirgskette (f)	მთების ჯაჭვი	mtebis jach'vi
Bergrücken (m)	მთის ქედი	mtis kedi
Gipfel (m)	მწვერვალი	mts'vervali
Spitze (f)	პიკი	p'ik'i
Bergfuß (m)	მთის ძირი	mtis dziri
Abhang (m)	ფერდობი	perdobi
Vulkan (m)	ვულკანი	vulk'ani
tätiger Vulkan (m)	მოქმედი ვულკანი	mokmedi vulk'ani
schlafender Vulkan (m)	ჩამქრალი ვულკანი	chamkrali vulk'ani
Ausbruch (m)	ამოფრქვევა	amoprkveva
Krater (m)	კრატერი	k'rat'eri
Magma (n)	მაგმა	magma
Lava (f)	ლავა	lava
glühend heiß (-e Lava)	გავარვარებული	gavarvarebuli
Cañon (m)	კანიონი	k'anioni
Schlucht (f)	ხეობა	kheoba

Spalte (f)	ნაპრალი	nap'rali
Gebirgspass (m)	უღელტეხილი	ughelt'ekhili
Plateau (n)	პლატო	p'lat'o
Fels (m)	კლდე	k'lde
Hügel (m)	ბორცვი	bortsvi

Gletscher (m)	მყინვარი	mqinvari
Wasserfall (m)	ჩანჩქერი	chanchkeri
Geiser (m)	გეიზერი	geizeri
See (m)	ტბა	t'ba

Ebene (f)	ვაკე	vak'e
Landschaft (f)	პეიზაჟი	p'eizazhi
Echo (n)	ექო	eko

Bergsteiger (m)	ალპინისტი	alp'inist'i
Kletterer (m)	მთასვლელი	mtasvleli
bezwingen (vt)	დაპყრობა	dap'qroba
Aufstieg (m)	ასვლა	asvla

80. Namen der Berge

Alpen (pl)	ალპები	alp'ebi
Montblanc (m)	მონბლანი	monblani
Pyrenäen (pl)	პირენეები	p'ireneebi

Karpaten (pl)	კარპატები	k'arp'at'ebi
Uralgebirge (n)	ურალის მთები	uralis mtebi
Kaukasus (m)	კავკასია	k'avk'asia
Elbrus (m)	იალბუზი	ialbuzi

Altai (m)	ალტაი	alt'ai
Tian Shan (m)	ტიან-შანი	t'ian-shani
Pamir (m)	პამირი	p'amiri
Himalaja (m)	ჰიმალაი	himalai
Everest (m)	ევერესტი	everest'i

| Anden (pl) | ანდები | andebi |
| Kilimandscharo (m) | კილიმანჯარო | k'ilimanjaro |

81. Flüsse

Fluss (m)	მდინარე	mdinare
Quelle (f)	წყარო	ts'qaro
Flussbett (n)	კალაპოტი	k'alap'ot'i
Stromgebiet (n)	აუზი	auzi
einmünden in …	ჩადინება	chadineba
Nebenfluss (m)	შენაკადი	shenak'adi

Ufer (n)	ნაპირი	nap'iri
Strom (m)	დინება	dineba
stromabwärts	დინების ქვემოთ	dinebis kvemot
stromaufwärts	დინების ზემოთ	dinebis zemot

Überschwemmung (f)	წყალდიდობა	ts'qaldidoba
Hochwasser (n)	წყალდიდობა	ts'qaldidoba
aus den Ufern treten	გადმოსვლა	gadmosvla
überfluten (vt)	დატბორვა	dat'borva

| Sandbank (f) | თავთხელი | tavtkheli |
| Stromschnelle (f) | ზღურბლი | zghurbli |

Damm (m)	კაშხალი	k'ashkhali
Kanal (m)	არხი	arkhi
Stausee (m)	წყალსაცავი	ts'qalsatsavi
Schleuse (f)	რაბი	rabi

Gewässer (n)	წყალსატევი	ts'qalsat'evi
Sumpf (m), Moor (n)	ჭაობი	ch'aobi
Marsch (f)	ჭანჭრობი	ch'anch'robi
Strudel (m)	მორევი	morevi

Bach (m)	ნაკადული	nak'aduli
Trink- (z.B. Trinkwasser)	სასმელი	sasmeli
Süß- (Wasser)	მტკნარი	mt'k'nari

| Eis (n) | ყინული | qinuli |
| zufrieren (vi) | გაყინვა | gaqinva |

82. Namen der Flüsse

| Seine (f) | სენა | sena |
| Loire (f) | ლუარა | luara |

Themse (f)	ტემზა	t'emza
Rhein (m)	რეინი	reini
Donau (f)	დუნაი	dunai

Wolga (f)	ვოლგა	volga
Don (m)	დონი	doni
Lena (f)	ლენა	lena

Gelber Fluss (m)	ხუანხე	khuankhe
Jangtse (m)	იანძი	iandzi
Mekong (m)	მეკონგი	mek'ongi
Ganges (m)	განგი	gangi

| Nil (m) | ნილოსი | nilosi |
| Kongo (m) | კონგო | k'ongo |

Okavango (m)	ოკავანგო	ok'avango
Sambesi (m)	ზამბეზი	zambezi
Limpopo (m)	ლიმპოპო	limp'op'o
Mississippi (m)	მისისიპი	misisip'i

83. Wald

Wald (m)	ტყე	t'qe
Wald-	ტყის	t'qis
Dickicht (n)	ტევრი	t'evri
Gehölz (n)	ჭალა	ch'ala
Lichtung (f)	მინდორი	mindori
Dickicht (n)	ბარდები	bardebi
Gebüsch (n)	ბუჩქნარი	buchknari
Fußweg (m)	ბილიკი	bilik'i
Erosionsrinne (f)	ხევი	khevi
Baum (m)	ხე	khe
Blatt (n)	ფოთოლი	potoli
Laub (n)	ფოთლეული	potleuli
Laubfall (m)	ფოთოლცვენა	potoltsvena
fallen (Blätter)	ცვენა	tsvena
Wipfel (m)	კენწერო	k'ents'ero
Zweig (m)	ტოტი	t'ot'i
Ast (m)	ნუჟრი	nuzhri
Knospe (f)	კვირტი	k'virt'i
Nadel (f)	წიწვი	ts'its'vi
Zapfen (m)	გირჩი	girchi
Höhlung (f)	ფუღურო	pughuro
Nest (n)	ბუდე	bude
Höhle (f)	სორო	soro
Stamm (m)	ტანი	t'ani
Wurzel (f)	ფესვი	pesvi
Rinde (f)	ქერქი	kerki
Moos (n)	ხავსი	khavsi
entwurzeln (vt)	ამოძირკვა	amodzirk'va
fällen (vt)	მოჭრა	moch'ra
abholzen (vt)	გაჩეხვა	gachekhva
Baumstumpf (m)	კუნძი	k'undzi
Lagerfeuer (n)	კოცონი	k'otsoni
Waldbrand (m)	ხანძარი	khandzari

löschen (vt)	ჩაქრობა	chakroba
Förster (m)	მეტყევე	met'qeve
Schutz (m)	დაცვა	datsva
beschützen (vt)	დაცვა	datsva
Wilddieb (m)	ბრაკონიერი	brak'onieri
Falle (f)	ხაფანგი	khapangi

| sammeln, pflücken (vt) | კრეფა | k'repa |
| sich verirren | გზის დაბნევა | gzis dabneva |

84. natürliche Lebensgrundlagen

Naturressourcen (pl)	ბუნებრივი რესურსები	bunebrivi resursebi
Bodenschätze (pl)	სასარგებლო წიაღისეული	sasargeblo ts'iaghiseuli
Vorkommen (n)	საბადო	sabado
Feld (Ölfeld usw.)	საბადო	sabado

gewinnen (vt)	მოპოვება	mop'oveba
Gewinnung (f)	მოპოვება	mop'oveba
Erz (n)	მადანი	madani
Bergwerk (n)	მადნეული	madneuli
Schacht (m)	შახტი	shakht'i
Bergarbeiter (m)	მეშახტე	meshakht'e

| Erdgas (n) | გაზი | gazi |
| Gasleitung (f) | გაზსადენი | gazsadeni |

Erdöl (n)	ნავთობი	navtobi
Erdölleitung (f)	ნავთობსადენი	navtobsadeni
Ölquelle (f)	ნავთობის კოშკურა	navtobis k'oshk'ura
Bohrturm (m)	საბურღი კოშკურა	saburghi k'oshk'ura
Tanker (m)	ტანკერი	t'ank'eri

Sand (m)	ქვიშა	kvisha
Kalkstein (m)	კირქვა	k'irkva
Kies (m)	ხრეში	khreshi
Torf (m)	ტორფი	t'orpi
Ton (m)	თიხა	tikha
Kohle (f)	ქვანახშირი	kvanakhshiri

Eisen (n)	რკინა	rk'ina
Gold (n)	ოქრო	okro
Silber (n)	ვერცხლი	vertskhli
Nickel (n)	ნიკელი	nik'eli
Kupfer (n)	სპილენძი	sp'ilendzi

Zink (n)	თუთია	tutia
Mangan (n)	მარგანეცი	marganetsi
Quecksilber (n)	ვერცხლისწყალი	vertskhlists'qali
Blei (n)	ტყვია	t'qvia

Mineral (n)	მინერალი	minerali
Kristall (m)	კრისტალი	k'rist'ali
Marmor (m)	მარმარილო	marmarilo
Uran (n)	ურანი	urani

85. Wetter

Wetter (n)	ამინდი	amindi
Wetterbericht (m)	ამინდის პროგნოზი	amindis p'rognozi
Temperatur (f)	ტემპერატურა	t'emp'erat'ura
Thermometer (n)	თერმომეტრი	termomet'ri
Barometer (n)	ბარომეტრი	baromet'ri

Feuchtigkeit (f)	ტენიანობა	t'enianoba
Hitze (f)	სიცხე	sitskhe
glutheiß	ცხელი	tskheli
ist heiß	ცხელი	tskheli

ist warm	თბილა	tbila
warm (Adj)	თბილი	tbili

ist kalt	სიცივე	sitsive
kalt (Adj)	ცივი	tsivi

Sonne (f)	მზე	mze
scheinen (vi)	ანათებს	anatebs
sonnig (Adj)	მზიანი	mziani
aufgehen (vi)	ამოსვლა	amosvla
untergehen (vi)	ჩასვლა	chasvla

Wolke (f)	ღრუბელი	ghrubeli
bewölkt, wolkig	ღრუბლიანი	ghrubliani
Regenwolke (f)	ღრუბელი	ghrubeli
trüb (-er Tag)	მოღრუბლული	moghrubluli

Regen (m)	წვიმა	ts'vima
Es regnet	წვიმა მოდის	ts'vima modis
regnerisch (-er Tag)	წვიმიანი	ts'vimiani
nieseln (vi)	ჟინჟღვლა	zhinzhghvla

strömender Regen (m)	კოკისპირული	k'ok'isp'iruli
Regenschauer (m)	თავსხმა	tavskhma
stark (-er Regen)	ძლიერი	dzlieri
Pfütze (f)	გუბე	gube
nass werden (vi)	დასველება	dasveleba

Nebel (m)	ნისლი	nisli
neblig (-er Tag)	ნისლიანი	nisliani
Schnee (m)	თოვლი	tovli
Es schneit	თოვლი მოდის	tovli modis

86. Unwetter Naturkatastrophen

Gewitter (n)	ჭექა	ch'eka
Blitz (m)	მეხი	mekhi
blitzen (vi)	ელვარება	elvareba
Donner (m)	ქუხილი	kukhili
donnern (vi)	ქუხილი	kukhili
Es donnert	ქუხს	kukhs
Hagel (m)	სეტყვა	set'qva
Es hagelt	სეტყვა მოდის	set'qva modis
überfluten (vt)	წალეკვა	ts'alek'va
Überschwemmung (f)	წყალდიდობა	ts'qaldidoba
Erdbeben (n)	მიწისძვრა	mits'isdzvra
Erschütterung (f)	ბიძგი	bidzgi
Epizentrum (n)	ეპიცენტრი	ep'itsent'ri
Ausbruch (m)	ამოფრქვევა	amoprkveva
Lava (f)	ლავა	lava
Wirbelsturm (m)	გრიგალი	grigali
Tornado (m)	ტორნადო	t'ornado
Taifun (m)	ტაიფუნი	t'aipuni
Orkan (m)	გრიგალი	grigali
Sturm (m)	ქარიშხალი	karishkhali
Tsunami (m)	ცუნამი	tsunami
Zyklon (m)	ციკლონი	tsik'loni
Unwetter (n)	უამინდობა	uamindoba
Brand (m)	ხანძარი	khandzari
Katastrophe (f)	კატასტროფა	k'at'ast'ropa
Meteorit (m)	მეტეორიტი	met'eorit'i
Lawine (f)	ზვავი	zvavi
Schneelawine (f)	ჩამოქცევა	chamoktseva
Schneegestöber (n)	ქარბუქი	karbuki
Schneesturm (m)	ბუქი	buki

T&P BOOKS

FAUNA

T&P Books Publishing

87. Säugetiere. Raubtiere

Raubtier (n)	მტაცებელი	mt'atsebeli
Tiger (m)	ვეფხვი	vepkhvi
Löwe (m)	ლომი	lomi
Wolf (m)	მგელი	mgeli
Fuchs (m)	მელა	mela
Jaguar (m)	იაგუარი	iaguari
Leopard (m)	ლეოპარდი	leop'ardi
Gepard (m)	გეპარდი	gep'ardi
Panther (m)	ავაზა	avaza
Puma (m)	პუმა	p'uma
Schneeleopard (m)	თოვლის ჯიქი	tovlis jiki
Luchs (m)	ფოცხვერი	potskhveri
Kojote (m)	კოიოტი	k'oiot'i
Schakal (m)	ტურა	t'ura
Hyäne (f)	გიენა	giena

88. Tiere in freier Wildbahn

Tier (n)	ცხოველი	tskhoveli
Bestie (f)	მხეცი	mkhetsi
Eichhörnchen (n)	ციყვი	tsiqvi
Igel (m)	ზღარბი	zgharbi
Hase (m)	კურდღელი	k'urdgheli
Kaninchen (n)	ბოცვერი	botsveri
Dachs (m)	მაჩვი	machvi
Waschbär (m)	ენოტი	enot'i
Hamster (m)	ზაზუნა	zazuna
Murmeltier (n)	ზაზუნა	zazuna
Maulwurf (m)	თხუნელა	tkhunela
Maus (f)	თაგვი	tagvi
Ratte (f)	ვირთხა	virtkha
Fledermaus (f)	ღამურა	ghamura
Hermelin (n)	ყარყუმი	qarqumi
Zobel (m)	სიასამური	siasamuri
Marder (m)	კვერნა	k'verna

Wiesel (n)	სინდიოფალა	sindiopala
Nerz (m)	წაულა	ts'aula
Biber (m)	თახვი	takhvi
Fischotter (m)	წავი	ts'avi
Pferd (n)	ცხენი	tskheni
Elch (m)	ცხენ-ირემი	tskhen-iremi
Hirsch (m)	ირემი	iremi
Kamel (n)	აქლემი	aklemi
Bison (m)	ბიზონი	bizoni
Wisent (m)	დომბა	domba
Büffel (m)	კამეჩი	k'amechi
Zebra (n)	ზებრა	zebra
Antilope (f)	ანტილოპა	ant'ilop'a
Reh (n)	შველი	shveli
Damhirsch (m)	ფურ-ირემი	pur-iremi
Gämse (f)	ქურციკი	kurtsik'i
Wildschwein (n)	ტახი	t'akhi
Wal (m)	ვეშაპი	veshap'i
Seehund (m)	სელაპი	selap'i
Walroß (n)	ლომვეშაპი	lomveshap'i
Seebär (m)	ზღვის კატა	zghvis k'at'a
Delfin (m)	დელფინი	delpini
Bär (m)	დათვი	datvi
Eisbär (m)	თეთრი დათვი	tetri datvi
Panda (m)	პანდა	p'anda
Affe (m)	მაიმუნი	maimuni
Schimpanse (m)	შიმპანზე	shimp'anze
Orang-Utan (m)	ორანგუტანი	orangut'ani
Gorilla (m)	გორილა	gorila
Makak (m)	მაკაკა	mak'ak'a
Gibbon (m)	გიბონი	giboni
Elefant (m)	სპილო	sp'ilo
Nashorn (n)	მარტორქა	mart'orka
Giraffe (f)	ჟირაფი	zhirapi
Flusspferd (n)	ბეჰემოთი	behemoti
Känguru (n)	კენგურუ	k'enguru
Koala (m)	კოალა	k'oala
Manguste (f)	მანგუსტი	mangust'i
Chinchilla (n)	შინშილა	shinshila
Stinktier (n)	თრითინა	tritina
Stachelschwein (n)	მაჩვზღარბა	machvzgharba

89. Haustiere

| Katze (f) | კატა | k'at'a |
| Kater (m) | ხვადი კატა | khvadi k'at'a |

Pferd (n)	ცხენი	tskheni
Hengst (m)	ულაყი	ulaqi
Stute (f)	ფაშატი	pashat'i

Kuh (f)	ძროხა	dzrokha
Stier (m)	ხარი	khari
Ochse (m)	ხარი	khari

Schaf (n)	დედალი ცხვარი	dedali tskhvari
Widder (m)	ცხვარი	tskhvari
Ziege (f)	თხა	tkha
Ziegenbock (m)	ვაცი	vatsi

| Esel (m) | ვირი | viri |
| Maultier (n) | ჯორი | jori |

Schwein (n)	ღორი	ghori
Ferkel (n)	გოჭი	goch'i
Kaninchen (n)	ბოცვერი	botsveri

| Huhn (n) | ქათამი | katami |
| Hahn (m) | მამალი | mamali |

Ente (f)	იხვი	ikhvi
Enterich (m)	მამალი იხვი	mamali ikhvi ·
Gans (f)	ბატი	bat'i

| Puter (m) | ინდაური | indauri |
| Pute (f) | დედალი ინდაური | dedali indauri |

Haustiere (pl)	შინაური ცხოველები	shinauri tskhovelebi
zahm	მოშინაურებული	moshinaurebuli
zähmen (vt)	მოშინაურება	moshinaureba
züchten (vt)	გამოზრდა	gamozrda

| Farm (f) | ფერმა | perma |
| Geflügel (n) | შინაური ფრინველი | shinauri prinveli |

| Vieh (n) | საქონელი | sakoneli |
| Herde (f) | ჯოგი | jogi |

Pferdestall (m)	თავლა	tavla
Schweinestall (m)	საღორე	saghore
Kuhstall (m)	ბოსელი	boseli
Kaninchenstall (m)	საკურდღლე	sak'urdghle
Hühnerstall (m)	საქათმე	sakatme

90. Vögel

Vogel (m)	ფრინველი	prinveli
Taube (f)	მტრედი	mt'redi
Spatz (m)	ბეღურა	beghura
Meise (f)	წიწკანა	ts'its'k'ana
Elster (f)	კაჭკაჭი	k'ach'k'ach'i
Rabe (m)	ყვავი	qvavi
Krähe (f)	ყვავი	qvavi
Dohle (f)	ჭკა	ch'k'a
Saatkrähe (f)	ჭილყვავი	ch'ilqvavi
Ente (f)	იხვი	ikhvi
Gans (f)	ბატი	bat'i
Fasan (m)	ხოხობი	khokhobi
Adler (m)	არწივი	arts'ivi
Habicht (m)	ქორი	kori
Falke (m)	შევარდენი	shevardeni
Greif (m)	ორბი	orbi
Kondor (m)	კონდორი	k'ondori
Schwan (m)	გედი	gedi
Kranich (m)	წერო	ts'ero
Storch (m)	ყარყატი	qarqat'i
Papagei (m)	თუთიყუში	tutiqushi
Kolibri (m)	კოლიბრი	k'olibri
Pfau (m)	ფარშევანგი	parshevangi
Strauß (m)	სირაქლემა	siraklema
Reiher (m)	ყანჩა	qancha
Flamingo (m)	ფლამინგო	plamingo
Pelikan (m)	ვარხვი	varkhvi
Nachtigall (f)	ბულბული	bulbuli
Schwalbe (f)	მერცხალი	mertskhali
Drossel (f)	შაშვი	shashvi
Singdrossel (f)	შაშვი მგალობელი	shashvi mgalobeli
Amsel (f)	შავი შაშვი	shavi shashvi
Segler (m)	ნამგალა	namgala
Lerche (f)	ტოროლა	t'orola
Wachtel (f)	მწყერი	mts'qeri
Specht (m)	კოდალა	k'odala
Kuckuck (m)	გუგული	guguli
Eule (f)	ბუ	bu
Uhu (m)	ჭოტი	ch'ot'i

Auerhahn (m)	ყრუანჩელა	qruanchela
Birkhahn (m)	როჭო	roch'o
Rebhuhn (n)	კაკაბი	k'ak'abi
Star (m)	შოშია	shoshia
Kanarienvogel (m)	იადონი	iadoni
Haselhuhn (n)	გნოლქათამა	gnolkatama
Buchfink (m)	სკვინჩა	sk'vincha
Gimpel (m)	სტვენია	st'venia
Möwe (f)	თოლია	tolia
Albatros (m)	ალბატროსი	albat'rosi
Pinguin (m)	პინგვინი	p'ingvini

91. Fische. Meerestiere

Brachse (f)	კაპარჭინა	k'ap'arch'ina
Karpfen (m)	კობრი	k'obri
Barsch (m)	ქორჭილა	korch'ila
Wels (m)	ლოქო	loko
Hecht (m)	ქარიყლაპია	kariqlap'ia
Lachs (m)	ორაგული	oraguli
Stör (m)	თართი	tarti
Hering (m)	ქაშაყი	kashaqi
atlantische Lachs (m)	გოჯი	goji
Makrele (f)	სკუმბრია	sk'umbria
Scholle (f)	კამბალა	k'ambala
Zander (m)	ფარგა	parga
Dorsch (m)	ვირთევზა	virtevza
Tunfisch (m)	თინუსი	tinusi
Forelle (f)	კალმახი	k'almakhi
Aal (m)	გველთევზა	gveltevza
Zitterrochen (m)	ელექტრული სკაროსი	elekt'ruli sk'arosi
Muräne (f)	მურენა	murena
Piranha (m)	პირანია	p'irania
Hai (m)	ზვიგენი	zvigeni
Delfin (m)	დელფინი	delpini
Wal (m)	ვეშაპი	veshap'i
Krabbe (f)	კიბორჩხალა	k'iborchkhala
Meduse (f)	მედუზა	meduza
Krake (m)	რვაფეხა	rvapekha
Seestern (m)	ზღვის ვარსკვლავი	zghvis varsk'vlavi
Seeigel (m)	ზღვის ზღარბი	zghvis zgharbi

Seepferdchen (n)	ცხენთევზა	tskhentevza
Auster (f)	ხამანწკა	khamants'k'a
Garnele (f)	კრევეტი	k'revet'i
Hummer (m)	ასთაკვი	astak'vi
Languste (f)	ლანგუსტი	langust'i

92. Amphibien Reptilien

| Schlange (f) | გველი | gveli |
| Gift-, giftig | შხამიანი | shkhamiani |

Viper (f)	გველგესლა	gvelgesla
Kobra (f)	კობრა	k'obra
Python (m)	პითონი	p'itoni
Boa (f)	მახრჩობელა გველი	makhrchobela gveli

Ringelnatter (f)	ანკარა	ank'ara
Klapperschlange (f)	ჩხრიალა გველი	chkhriala gveli
Anakonda (f)	ანაკონდა	anak'onda

Eidechse (f)	ხვლიკი	khvlik'i
Leguan (m)	იგუანა	iguana
Waran (m)	ვარანი	varani
Salamander (m)	სალამანდრა	salamandra
Chamäleon (n)	ქამელეონი	kameleoni
Skorpion (m)	მორიელი	morieli

Schildkröte (f)	კუ	k'u
Frosch (m)	ბაყაყი	baqaqi
Kröte (f)	გომბეშო	gombesho
Krokodil (n)	ნიანგი	niangi

93. Insekten

Insekt (n)	მწერი	mts'eri
Schmetterling (m)	პეპელა	p'ep'ela
Ameise (f)	ჭიანჭველა	ch'ianch'vela
Fliege (f)	ბუზი	buzi
Mücke (f)	კოღო	k'ogho
Käfer (m)	ხოჭო	khoch'o

Wespe (f)	ბზიკი	bzik'i
Biene (f)	ფუტკარი	put'k'ari
Hummel (f)	კელა	k'ela
Bremse (f)	კრაზანა	k'razana

| Spinne (f) | ობობა | oboba |
| Spinnennetz (n) | აბლაბუდა | ablabuda |

Libelle (f)	ჭრიჭინა	ch'rich'ina
Grashüpfer (m)	კალია	k'alia
Schmetterling (m)	ფარვანა	parvana
Schabe (f)	აბანოს ჭია	abanos ch'ia
Zecke (f)	ტკიპა	t'k'ip'a
Floh (m)	რწყილი	rts'qili
Kriebelmücke (f)	ქინქლა	kinkla
Heuschrecke (f)	კალია	k'alia
Schnecke (f)	ლოკოკინა	lok'ok'ina
Heimchen (n)	ჭრიჭინა	ch'rich'ina
Leuchtkäfer (m)	ციცინათელა	tsitsinatela
Marienkäfer (m)	ჭია მაია	ch'ia maia
Maikäfer (m)	მაისის ხოჭო	maisis khoch'o
Blutegel (m)	წურბელა	ts'urbela
Raupe (f)	მუხლუხი	mukhlukhi
Wurm (m)	ჭია	ch'ia
Larve (f)	მატლი	mat'li

T&P BOOKS

FLORA

T&P Books Publishing

94. Bäume

Baum (m)	ხე	khe
Laub-	ფოთლოვანი	potlovani
Nadel-	წიწვოვანი	ts'its'vovani
immergrün	მარადმწვანე	maradmts'vane
Apfelbaum (m)	ვაშლის ხე	vashlis khe
Birnbaum (m)	მსხალი	mskhali
Süßkirschbaum (m)	ბალი	bali
Sauerkirschbaum (m)	ალუბალი	alubali
Pflaumenbaum (m)	ქლიავი	kliavi
Birke (f)	არყის ხე	arqis khe
Eiche (f)	მუხა	mukha
Linde (f)	ცაცხვი	tsatskhvi
Espe (f)	ვერხვი	verkhvi
Ahorn (m)	ნეკერჩხალი	nek'erchkhali
Fichte (f)	ნაძვის ხე	nadzvis khe
Kiefer (f)	ფიჭვი	pich'vi
Lärche (f)	ლარიქსი	lariksi
Tanne (f)	სოჭი	soch'i
Zeder (f)	კედარი	k'edari
Pappel (f)	ალვის ხე	alvis khe
Vogelbeerbaum (m)	ცირცელი	tsirtseli
Weide (f)	ტირიფი	t'iripi
Erle (f)	მურყანი	murqani
Buche (f)	წიფელი	ts'ipeli
Ulme (f)	თელა	tela
Esche (f)	იფანი	ipani
Kastanie (f)	წაბლი	ts'abli
Magnolie (f)	მაგნოლია	magnolia
Palme (f)	პალმა	p'alma
Zypresse (f)	კვიპაროსი	k'vip'arosi
Mangrovenbaum (m)	მანგოს ხე	mangos khe
Baobab (m)	ბაობაბი	baobabi
Eukalyptus (m)	ევკალიპტი	evk'alip't'i
Mammutbaum (m)	სექვოია	sekvoia

95. Büsche

| Strauch (m) | ბუჩქი | buchki |
| Gebüsch (n) | ბუჩქნარი | buchknari |

| Weinstock (m) | ყურძენი | qurdzeni |
| Weinberg (m) | ვენახი | venakhi |

Himbeerstrauch (m)	ჟოლო	zholo
rote Johannisbeere (f)	წითელი მოცხარი	ts'iteli motskhari
Stachelbeerstrauch (m)	ხურტკმელი	khurt'k'meli

Akazie (f)	აკაცია	ak'atsia
Berberitze (f)	კოწახური	k'ots'akhuri
Jasmin (m)	ჟასმინი	zhasmini

Wacholder (m)	ღვია	ghvia
Rosenstrauch (m)	ვარდის ბუჩქი	vardis buchki
Heckenrose (f)	ასკილი	ask'ili

96. Obst. Beeren

Apfel (m)	ვაშლი	vashli
Birne (f)	მსხალი	mskhali
Pflaume (f)	ქლიავი	kliavi

Erdbeere (f)	მარწყვი	marts'qvi
Sauerkirsche (f)	ალუბალი	alubali
Süßkirsche (f)	ბალი	bali
Weintrauben (pl)	ყურძენი	qurdzeni

Himbeere (f)	ჟოლო	zholo
schwarze Johannisbeere (f)	შავი მოცხარი	shavi motskhari
rote Johannisbeere (f)	წითელი მოცხარი	ts'iteli motskhari
Stachelbeere (f)	ხურტკმელი	khurt'k'meli
Moosbeere (f)	შტოში	sht'oshi

Apfelsine (f)	ფორთოხალი	portokhali
Mandarine (f)	მანდარინი	mandarini
Ananas (f)	ანანასი	ananasi
Banane (f)	ბანანი	banani
Dattel (f)	ფინიკი	pinik'i

Zitrone (f)	ლიმონი	limoni
Aprikose (f)	გარგარი	gargari
Pfirsich (m)	ატამი	at'ami
Kiwi (f)	კივი	k'ivi
Grapefruit (f)	გრეიფრუტი	greiprut'i

Beere (f)	კენკრა	k'enk'ra
Beeren (pl)	კენკრა	k'enk'ra
Preiselbeere (f)	წითელი მოცვი	ts'iteli motsvi
Walderdbeere (f)	მარწყვი	marts'qvi
Heidelbeere (f)	მოცვი	motsvi

97. Blumen. Pflanzen

Blume (f)	ყვავილი	qvavili
Blumenstrauß (m)	თაიგული	taiguli
Rose (f)	ვარდი	vardi
Tulpe (f)	ტიტა	t'it'a
Nelke (f)	მიხაკი	mikhak'i
Gladiole (f)	გლადიოლუსი	gladiolusi
Kornblume (f)	ღიღილო	ghighilo
Glockenblume (f)	მაჩიტა	machit'a
Löwenzahn (m)	ბაბუაწვერა	babuats'vera
Kamille (f)	გვირილა	gvirila
Aloe (f)	ალოე	aloe
Kaktus (m)	კაქტუსი	k'akt'usi
Gummibaum (m)	ფიკუსი	pik'usi
Lilie (f)	შროშანი	shroshani
Geranie (f)	ნემსიწვერა	nemsits'vera
Hyazinthe (f)	ჰიაცინტი	hiatsint'i
Mimose (f)	მიმოზა	mimoza
Narzisse (f)	ნარგიზი	nargizi
Kapuzinerkresse (f)	ნასტურცია	nast'urtsia
Orchidee (f)	ორქიდეა	orkidea
Pfingstrose (f)	იორდასალამი	iordasalami
Veilchen (n)	ია	ia
Stiefmütterchen (n)	სამფერა ია	sampera ia
Vergissmeinnicht (n)	კესანე	k'esane
Gänseblümchen (n)	ზიზილა	zizila
Mohn (m)	ყაყაჩო	qaqacho
Hanf (m)	კანაფი	k'anapi
Minze (f)	პიტნა	p'it'na
Maiglöckchen (n)	შროშანა	shroshana
Schneeglöckchen (n)	ენძელა	endzela
Brennnessel (f)	ჭინჭარი	ch'inch'ari
Sauerampfer (m)	მჟაუნა	mzhauna

Seerose (f)	წყლის შროშანი	ts'qlis shroshani
Farn (m)	გვიმრა	gvimra
Flechte (f)	ლიქენა	likena

Gewächshaus (n)	ორანჟერეა	oranzherea
Rasen (m)	გაზონი	gazoni
Blumenbeet (n)	ყვავილნარი	qvavilnari

Pflanze (f)	მცენარე	mtsenare
Gras (n)	ბალახი	balakhi
Grashalm (m)	ბალახის ღერო	balakhis ghero

Blatt (n)	ფოთოლი	potoli
Blütenblatt (n)	ფურცელი	purtseli
Stiel (m)	ღერო	ghero
Knolle (f)	ბოლქვი	bolkvi

| Jungpflanze (f) | ღივი | ghivi |
| Dorn (m) | ეკალი | ek'ali |

blühen (vi)	ყვავილობა	qvaviloba
welken (vi)	ჭკნობა	ch'k'noba
Geruch (m)	სუნი	suni
abschneiden (vt)	მოჭრა	moch'ra
pflücken (vt)	მოწყვეტა	mots'qvet'a

98. Getreide, Körner

Getreide (n)	მარცვალი	martsvali
Getreidepflanzen (pl)	მარცვლეული მცენარე	martsvleuli mtsenare
Ähre (f)	თავთავი	tavtavi

Weizen (m)	ხორბალი	khorbali
Roggen (m)	ჭვავი	ch'vavi
Hafer (m)	შვრია	shvria
Hirse (f)	ფეტვი	pet'vi
Gerste (f)	ქერი	keri

Mais (m)	სიმინდი	simindi
Reis (m)	ბრინჯი	brinji
Buchweizen (m)	წიწიბურა	ts'its'ibura

Erbse (f)	ბარდა	barda
weiße Bohne (f)	ლობიო	lobio
Sojabohne (f)	სოია	soia
Linse (f)	ოსპი	osp'i
Bohnen (pl)	პარკები	p'ark'ebi

T&P BOOKS

LÄNDER DER WELT

T&P Books Publishing

99. Länder. Teil 1

Afghanistan	ავღანეთი	avghaneti
Ägypten	ეგვიპტე	egvip't'e
Albanien	ალბანეთი	albaneti
Argentinien	არგენტინა	argent'ina
Armenien	სომხეთი	somkheti
Aserbaidschan	აზერბაიჯანი	azerbaijani
Australien	ავსტრალია	avst'ralia
Bangladesch	ბანგლადეში	bangladeshi
Belgien	ბელგია	belgia
Bolivien	ბოლივია	bolivia
Bosnien und Herzegowina	ბოსნია და ჰერცოგოვინა	bosnia da hertsogovina
Brasilien	ბრაზილია	brazilia
Bulgarien	ბულგარეთი	bulgareti
Chile	ჩილე	chile
China	ჩინეთი	chineti
Dänemark	დანია	dania
Deutschland	გერმანია	germania
Die Bahamas	ბაჰამის კუნძულები	bahamis k'undzulebi
Die Vereinigten Staaten	ამერიკის შეერთებული შტატები	amerik'is sheertebuli sht'at'ebi
Dominikanische Republik	დომინიკის რესპუბლიკა	dominik'is resp'ublik'a
Ecuador	ეკვადორი	ek'vadori
England	ინგლისი	inglisi
Estland	ესტონეთი	est'oneti
Finnland	ფინეთი	pineti
Frankreich	საფრანგეთი	saprangeti
Französisch-Polynesien	საფრანგეთის პოლინეზია	saprangetis p'olinezia
Georgien	საქართველო	sakartvelo
Ghana	განა	gana
Griechenland	საბერძნეთი	saberdzneti
Großbritannien	დიდი ბრიტანეთი	didi brit'aneti
Haiti	ჰაიტი	hait'i
Indien	ინდოეთი	indoeti
Indonesien	ინდონეზია	indonezia
Irak	ერაყი	eraqi
Iran	ირანი	irani
Irland	ირლანდია	irlandia
Island	ისლანდია	islandia
Israel	ისრაელი	israeli
Italien	იტალია	it'alia

100. Länder. Teil 2

Jamaika	იამაიკა	iamaik'a
Japan	იაპონია	iap'onia
Jordanien	იორდანია	iordania

Kambodscha	კამბოჯა	k'amboja
Kanada	კანადა	k'anada
Kasachstan	ყაზახეთი	qazakheti
Kenia	კენია	k'enia
Kirgisien	ყირგიზეთი	qirgizeti
Kolumbien	კოლუმბია	k'olumbia
Kroatien	ხორვატია	khorvat'ia
Kuba	კუბა	k'uba
Kuwait	კუვეიტი	k'uveit'i

Laos	ლაოსი	laosi
Lettland	ლატვია	lat'via
Libanon (m)	ლიბანი	libani
Libyen	ლივია	livia
Liechtenstein	ლიხტენშტეინი	likht'ensht'eini
Litauen	ლიტვა	lit'va
Luxemburg	ლუქსემბურგი	luksemburgi

Madagaskar	მადაგასკარი	madagask'ari
Makedonien	მაკედონია	mak'edonia
Malaysia	მალაიზია	malaizia
Malta	მალტა	malt'a
Marokko	მაროკო	marok'o
Mexiko	მექსიკა	meksik'a
Moldawien	მოლდოვა	moldova
Monaco	მონაკო	monak'o
Mongolei (f)	მონღოლეთი	mongholeti
Montenegro	ჩერნოგორია	chernogoria
Myanmar	მიანმარი	mianmari

Namibia	ნამიბია	namibia
Nepal	ნეპალი	nep'ali
Neuseeland	ახალი ზელანდია	akhali zelandia
Niederlande (f)	ნიდერლანდები	niderlandebi
Nordkorea	ჩრდილოეთ კორეა	chrdiloet k'orea
Norwegen	ნორვეგია	norvegia
Österreich	ავსტრია	avst'ria

101. Länder. Teil 3

Pakistan	პაკისტანი	p'ak'ist'ani
Palästina	პალესტინის ავტონომია	p'alest'inis avt'onomia
Panama	პანამა	p'anama

Paraguay	პარაგვაი	p'aragvai
Peru	პერუ	p'eru
Polen	პოლონეთი	p'oloneti
Portugal	პორტუგალია	p'ort'ugalia
Republik Südafrika	სამხრეთ აფრიკის რესპუბლიკა	samkhret aprik'is resp'ublik'a
Rumänien	რუმინეთი	rumineti
Russland	რუსეთი	ruseti
Sansibar	ზანზიბარი	zanzibari
Saudi-Arabien	საუდის არაბეთი	saudis arabeti
Schottland	შოტლანდია	shot'landia
Schweden	შვეცია	shvetsia
Schweiz (f)	შვეიცარია	shveitsaria
Senegal	სენეგალი	senegali
Serbien	სერბია	serbia
Slowakei (f)	სლოვაკია	slovak'ia
Slowenien	სლოვენია	slovenia
Spanien	ესპანეთი	esp'aneti
Südkorea	სამხრეთ კორეა	samkhret k'orea
Suriname	სურინამი	surinami
Syrien	სირია	siria
Tadschikistan	ტაჯიკეთი	t'ajik'eti
Taiwan	ტაივანი	t'aivani
Tansania	ტანზანია	t'anzania
Tasmanien	ტასმანია	t'asmania
Thailand	ტაილანდი	t'ailandi
Tschechien	ჩეხეთი	chekheti
Tunesien	ტუნისი	t'unisi
Türkei (f)	თურქეთი	turketi
Turkmenistan	თურქმენეთი	turkmeneti
Ukraine (f)	უკრაინა	uk'raina
Ungarn	უნგრეთი	ungreti
Uruguay	ურუგვაი	urugvai
Usbekistan	უზბეკეთი	uzbek'eti
Vatikan (m)	ვატიკანი	vat'ik'ani
Venezuela	ვენესუელა	venesuela
Vereinigten Arabischen Emirate	აგს	ags
Vietnam	ვიეტნამი	viet'nami
Weißrussland	ბელორუსია	belorusia
Zypern	კვიპროსი	k'vip'rosi

GASTRONOMISCHES WÖRTERBUCH

Dieser Teil beinhaltet viele
Wörter und Begriffe im
Zusammenhang mit
Lebensmitteln.
Dieses Wörterbuch wird es
einfacher für Sie machen,
um das Menü in einem
Restaurant zu verstehen
und die richtige Speise
zu wählen

T&P Books Publishing

Deutsch-Georgisch gastronomisches wörterbuch

Ähre (f)	თავთავი	tavtavi
Aal (m)	გველთევზა	gveltevza
Abendessen (n)	ვახშამი	vakhshami
alkoholfrei	უალკოჰოლო	ualk'oholo
alkoholfreies Getränk (n)	უალკოჰოლო სასმელი	ualk'oholo sasmeli
Ananas (f)	ანანასი	ananasi
Anis (m)	ანისული	anisuli
Aperitif (m)	აპერიტივი	ap'erit'ivi
Apfel (m)	ვაშლი	vashli
Apfelsine (f)	ფორთოხალი	portokhali
Appetit (m)	მადა	mada
Aprikose (f)	გარგარი	gargari
Artischocke (f)	არტიშოკი	art'ishok'i
atlantische Lachs (m)	გოჯი	goji
Aubergine (f)	ბადრიჯანი	badrijani
Auster (f)	ხამანწკა	khamants'k'a
Avocado (f)	ავოკადო	avok'ado
Banane (f)	ბანანი	banani
Bar (f)	ბარი	bari
Barmixer (m)	ბარმენი	barmeni
Barsch (m)	ქორჭილა	korch'ila
Basilikum (n)	რეჰანი	rehani
Beefsteak (n)	ბივშტექსი	bivsht'eksi
Beere (f)	კენკრა	k'enk'ra
Beeren (pl)	კენკრა	k'enk'ra
Beigeschmack (m)	გემო	gemo
Beilage (f)	გარნირი	garniri
belegtes Brot (n)	ბუტერბროდი	but'erbrodi
Bier (n)	ლუდი	ludi
Birkenpilz (m)	არყისძირა	arqisdzira
Birne (f)	მსხალი	mskhali
bitter	მწარე	mts'are
Blumenkohl (m)	ყვავილოვანი კომბოსტო	qvavilovani k'ombost'o
Bohnen (pl)	პარკები	p'ark'ebi
Bonbon (m, n)	კანფეტი	k'anpet'i
Brühe (f), Bouillon (f)	ბულიონი	bulioni
Brachse (f)	კაპარჭინა	k'ap'arch'ina
Brei (m)	ფაფა	papa
Brokkoli (m)	კომბოსტო ბროკოლი	k'ombost'o brok'oli
Brombeere (f)	მაყვალი	maqvali
Brot (n)	პური	p'uri
Buchweizen (m)	წიწიბურა	ts'its'ibura
Butter (f)	კარაქი	k'araki
Buttercreme (f)	კრემი	k'remi

Cappuccino (m)	ნაღებიანი ყავა	naghebiani qava
Champagner (m)	შამპანური	shamp'anuri
Cocktail (m)	კოკტეილი	k'ok't'eili
Dattel (f)	ფინიკი	pinik'i
Diät (f)	დიეტა	diet'a
Dill (m)	კამა	k'ama
Dorsch (m)	ვირთევზა	virtevza
Dosenöffner (m)	გასახსნელი	gasakhsneli
Dunkelbier (n)	მუქი ლუდი	muki ludi
Ei (n)	კვერცხი	k'vertskhi
Eier (pl)	კვერცხები	k'vertskhebi
Eigelb (n)	კვერცხის გული	k'vertskhis guli
Eis (n)	ყინული	qinuli
Eis (n)	ნაყინი	naqini
Eiweiß (n)	ცილა	tsila
Ente (f)	იხვი	ikhvi
Erbse (f)	ბარდა	barda
Erdbeere (f)	მარწყვი	marts'qvi
Erdnuss (f)	მიწის თხილი	mits'is tkhili
Erfrischungsgetränk (n)	გამაგრილებელი სასმელი	gamagrilebeli sasmeli
essbarer Pilz (m)	საჭმელი სოკო	sach'meli sok'o
Essen (n)	საჭმელი	sach'meli
Essig (m)	ძმარი	dzmari
Esslöffel (m)	სადილის კოვზი	sadilis k'ovzi
Füllung (f)	შიგთავსი	shigtavsi
Feige (f)	ლეღვი	leghvi
Fett (n)	ცხიმები	tskhimebi
Fisch (m)	თევზი	tevzi
Flaschenöffner (m)	გასახსნელი	gasakhsneli
Fleisch (n)	ხორცი	khortsi
Fliegenpilz (m)	ბუზიხოცია	buzikhotsia
Forelle (f)	კალმახი	k'almakhi
Frühstück (n)	საუზმე	sauzme
frisch gepresster Saft (m)	ახლადგამოწურული წვენი	akhladgamots'uruli ts'veni
Frucht (f)	ხილი	khili
Gabel (f)	ჩანგალი	changali
Gans (f)	ბატი	bat'i
Garnele (f)	კრევეტი	k'revet'i
gebraten	შემწვარი	shemts'vari
gekocht	მოხარშული	mokharshuli
Gemüse (n)	ბოსტნეული	bost'neuli
geräuchert	შებოლილი	shebolili
Gericht (n)	კერძი	k'erdzi
Gerste (f)	ქერი	keri
Geschmack (m)	გემო	gemo
Getreide (n)	მარცვალი	martsvali
Getreidepflanzen (pl)	მარცვლეული მცენარე	martsvleuli mtsenare
getrocknet	გამხმარი	gamkhmari
Gewürz (n)	სანელებელი	sanelebeli
Gewürz (n)	სუნელი	suneli
Giftpilz (m)	შხამიანი სოკო	shkhamiani sok'o

Gin (m)	ჯინი	jini
Grüner Knollenblätterpilz (m)	შხამა	shkhama
grüner Tee (m)	მწვანე ჩაი	mts'vane chai
grünes Gemüse (pl)	მწვანილი	mts'vanili
Grütze (f)	ბურღული	burghuli
Granatapfel (m)	ბროწეული	brots'euli
Grapefruit (f)	გრეიფრუტი	greiprut'i
Gurke (f)	კიტრი	k'it'ri
Guten Appetit!	გაამოთ!	gaamot!
Hühnerfleisch (n)	ქათამი	katami
Hackfleisch (n)	ფარში	parshi
Hafer (m)	შვრია	shvria
Hai (m)	ზვიგენი	zvigeni
Hamburger (m)	ჰამბურგერი	hamburgeri
Hammelfleisch (n)	ცხვრის ხორცი	tskhvris khortsi
Haselnuss (f)	თხილი	tkhili
Hecht (m)	ქარიყლაპია	kariqlap'ia
heiß	ცხელი	tskheli
Heidelbeere (f)	მოცვი	motsvi
Heilbutt (m)	პალტუსი	p'alt'usi
Helles (n)	ღია ფერის ლუდი	ghia peris ludi
Hering (m)	ქაშაყი	kashaqi
Himbeere (f)	ჟოლო	zholo
Hirse (f)	ფეტვი	pet'vi
Honig (m)	თაფლი	tapli
Ingwer (m)	კოჭა	k'och'a
Joghurt (m, f)	იოგურტი	iogurt'i
Käse (m)	ყველი	qveli
Küche (f)	სამზარეულო	samzareulo
Kümmel (m)	კვლიავი	k'vliavi
Kürbis (m)	გოგრა	gogra
Kaffee (m)	ყავა	qava
Kalbfleisch (n)	ხბოს ხორცი	khbos khortsi
Kalmar (m)	კალმარი	k'almari
Kalorie (f)	კალორია	k'aloria
kalt	ცივი	tsivi
Kaninchenfleisch (n)	ბოცვერი	botsveri
Karotte (f)	სტაფილო	st'apilo
Karpfen (m)	კობრი	k'obri
Kartoffel (f)	კარტოფილი	k'art'opili
Kartoffelpüree (n)	კარტოფილის პიურე	k'art'opilis p'iure
Kaugummi (m, n)	საღეჭი რეზინი	saghech'i rezini
Kaviar (m)	ხიზილალა	khizilala
Keks (m, n)	ნამცხვარი	namtskhvari
Kellner (m)	ოფიციანტი	opitsiant'i
Kellnerin (f)	ოფიციანტი	opitsiant'i
Kiwi, Kiwifrucht (f)	კივი	k'ivi
Knoblauch (m)	ნიორი	niori
Kognak (m)	კონიაკი	k'oniak'i
Kohl (m)	კომბოსტო	k'ombost'o
Kohlenhydrat (n)	ნახშირწყლები	nakhshirts'qlebi

Kokosnuss (f)	ქოქოსის კაკალი	kokosis k'ak'ali
Kondensmilch (f)	შესქელებული რძე	sheskelebuli rdze
Konditorwaren (pl)	საკონდიტრო ნაწარმი	sak'ondit'ro nats'armi
Konfitüre (f)	მურაბა	muraba
Konserven (pl)	კონსერვები	k'onservebi
Kopf Salat (m)	სალათი	salati
Koriander (m)	ქინძი	kindzi
Korkenzieher (m)	შტოპორი	sht'op'ori
Krümel (m)	ნამცეცი	namtsetsi
Krabbe (f)	კიბორჩხალა	k'iborchkhala
Krebstiere (pl)	კიბოსნაირნი	k'ibosnairni
Kuchen (m)	ტკბილღვეზელა	t'k'bilghvezela
Kuchen (m)	ღვეზელი	ghvezeli
Löffel (m)	კოვზი	k'ovzi
Lachs (m)	ორაგული	oraguli
Languste (f)	ლანგუსტი	langust'i
Leber (f)	ღვიძლი	ghvidzli
lecker	გემრიელი	gemrieli
Likör (m)	ლიქიორი	likiori
Limonade (f)	ლიმონათი	limonati
Linse (f)	ოსპი	osp'i
Lorbeerblatt (n)	დაფნის ფოთოლი	dapnis potoli
Mais (m)	სიმინდი	simindi
Mais (m)	სიმინდი	simindi
Maisflocken (pl)	სიმინდის ბურბუშელა	simindis burbushela
Makrele (f)	სკუმბრია	sk'umbria
Mandarine (f)	მანდარინი	mandarini
Mandel (f)	ნუში	nushi
Mango (f)	მანგო	mango
Margarine (f)	მარგარინი	margarini
mariniert	მარინადში ჩადებული	marinadshi chadebuli
Marmelade (f)	ჯემი	jemi
Marmelade (f)	მარმელადი	marmeladi
Mayonnaise (f)	მაიონეზი	maionezi
Meeresfrüchte (pl)	ზღვის პროდუქტები	zghvis p'rodukt'ebi
Meerrettich (m)	პირშუშხა	p'irshushkha
Mehl (n)	ფქვილი	pkvili
Melone (f)	ნესვი	nesvi
Messer (n)	დანა	dana
Milch (f)	რძე	rdze
Milchcocktail (m)	რძის კოკტეილი	rdzis k'ok't'eili
Milchkaffee (m)	რძიანი ყავა	rdziani qava
Mineralwasser (n)	მინერალური წყალი	mineraluri ts'qali
mit Eis	ყინულით	qinulit
mit Gas	გაზიანი	gaziani
mit Kohlensäure	გაზირებული	gazirebuli
Mittagessen (n)	სადილი	sadili
Moosbeere (f)	შტოში	sht'oshi
Morchel (f)	მერცხალა სოკო	mertskhala sok'o
Nachtisch (m)	დესერტი	desert'i
Nelke (f)	მიხაკი	mikhak'i
Nudeln (pl)	ატრია	at'ria

Oliven (pl)	ზეითუნი	zeituni
Olivenöl (n)	ზეითუნის ზეთი	zeitunis zeti
Omelett (n)	ომლეტი	omlet'i
Orangensaft (m)	ფორთოხლის წვენი	portokhlis ts'veni
Papaya (f)	პაპაია	p'ap'aia
Paprika (m)	წიწაკა	ts'its'ak'a
Paprika (m)	წიწაკა	ts'its'ak'a
Pastete (f)	პაშტეტი	p'asht'et'i
Petersilie (f)	ოხრახუში	okhrakhushi
Pfifferling (m)	მიქლიო	miklio
Pfirsich (m)	ატამი	at'ami
Pflanzenöl (n)	მცენარეული ზეთი	mtsenarueli zeti
Pflaume (f)	ქლიავი	kliavi
Pilz (m)	სოკო	sok'o
Pistazien (pl)	ფსტა	pst'a
Pizza (f)	პიცა	p'itsa
Portion (f)	ულუფა	ulupa
Preiselbeere (f)	წითელი მოცვი	ts'iteli motsvi
Protein (n)	ცილები	tsilebi
Pudding (m)	პუდინგი	p'udingi
Pulverkaffee (m)	ხსნადი ყავა	khsnadi qava
Pute (f)	ინდაური	indauri
Räucherschinken (m)	ბარკალი	bark'ali
Rübe (f)	თალგამი	talgami
Radieschen (n)	ბოლოკი	bolok'i
Rechnung (f)	ანგარიში	angarishi
Reis (m)	ბრინჯი	brinji
Rezept (n)	რეცეპტი	retsep't'i
Rindfleisch (n)	საქონლის ხორცი	sakonlis khortsi
Roggen (m)	ჭვავი	ch'vavi
Rosenkohl (m)	ბრიუსელის კომბოსტო	briuselis k'ombost'o
Rosinen (pl)	ქიშმიში	kishmishi
Rote Bete (f)	ჭარხალი	ch'arkhali
rote Johannisbeere (f)	წითელი მოცხარი	ts'iteli motskhari
roter Pfeffer (m)	წიწაკა	ts'its'ak'a
Rotkappe (f)	ვერხვისძირა	verkhvisdzira
Rotwein (m)	წითელი ღვინო	ts'iteli ghvino
Rum (m)	რომი	romi
süß	ტკბილი	t'k'bili
Süßkirsche (f)	ბალი	bali
Safran (m)	ზაფრანა	zaprana
Saft (m)	წვენი	ts'veni
Sahne (f)	ნაღები	naghebi
Salat (m)	სალათი	salati
Salz (n)	მარილი	marili
salzig	მლაშე	mlashe
Sardine (f)	სარდინი	sardini
Sauerkirsche (f)	ალუბალი	alubali
saure Sahne (f)	არაჟანი	arazhani
Schale (f)	ქერქი	kerki
Scheibchen (n)	ნაჭერი	nach'eri
Schinken (m)	ლორი	lori

Schinkenspeck (m)	ბეკონი	bek'oni
Schokolade (f)	შოკოლადი	shok'oladi
Schokoladen-	შოკოლადისა	shok'oladisa
Scholle (f)	კამბალა	k'ambala
schwarze Johannisbeere (f)	შავი მოცხარი	shavi motskhari
schwarzer Kaffee (m)	შავი ყავა	shavi qava
schwarzer Pfeffer (m)	პილპილი	p'ilp'ili
schwarzer Tee (m)	შავი ჩაი	shavi chai
Schweinefleisch (n)	ღორის ხორცი	ghoris khortsi
Sellerie (m)	ნიახური	niakhuri
Senf (m)	მდოგვი	mdogvi
Sesam (m)	ქუნჟუტი	kunzhut'i
Soße (f)	სოუსი	sousi
Sojabohne (f)	სოია	soia
Sonnenblumenöl (n)	მზესუმზირის ზეთი	mzesumziris zeti
Spaghetti (pl)	სპაგეტი	sp'aget'i
Spargel (m)	სატაცური	sat'atsuri
Speisekarte (f)	მენიუ	meniu
Spiegelei (n)	ერბო-კვერცხი	erbo-k'vertskhi
Spinat (m)	ისპანახი	isp'anakhi
Spirituosen (pl)	ალკოჰოლიანი სასმელები	alk'oholiani sasmelebi
Störfleisch (n)	თართი	tarti
Stück (n)	ნაჭერი	nach'eri
Stachelbeere (f)	ხურტკმელი	khurt'k'meli
Steinpilz (m)	თეთრი სოკო	tetri sok'o
still	უგაზო	ugazo
Suppe (f)	წვნიანი	ts'vniani
Täubling (m)	ბღავანა	bghavana
Tasse (f)	ფინჯანი	pinjani
Tee (m)	ჩაი	chai
Teelöffel (m)	ჩაის კოვზი	chais k'ovzi
Teigwaren (pl)	მაკარონი	mak'aroni
Teller (m)	თეფში	tepshi
tiefgekühlt	გაყინული	gaqinuli
Tomate (f)	პომიდორი	p'omidori
Tomatensaft (m)	ტომატის წვენი	t'omat'is ts'veni
Torte (f)	ტორტი	t'ort'i
Trinkgeld (n)	გასამრჯელო	gasamrjelo
Trinkwasser (n)	სასმელი წყალი	sasmeli ts'qali
Tunfisch (m)	თინუსი	tinusi
Untertasse (f)	ლამბაქი	lambaki
Vegetarier (m)	ვეგეტარიანელი	veget'arianeli
vegetarisch	ვეგეტარიანული	veget'arianuli
Vitamin (n)	ვიტამინი	vit'amini
Vorspeise (f)	საუზმეული	sauzmeuli
Würstchen (n)	სოსისი	sosisi
Waffeln (pl)	ვაფლი	vapli
Walderdbeere (f)	მარწყვი	marts'qvi
Walnuss (f)	კაკალი	k'ak'ali
Wasser (n)	წყალი	ts'qali
Wasserglas (n)	ჭიქა	ch'ika

Wassermelone (f)	საზამთრო	sazamtro
weiße Bohne (f)	ლობიო	lobio
Weißwein (m)	თეთრი ღვინო	tetri ghvino
Wein (m)	ღვინო	ghvino
Weinglas (n)	ბოკალი	bok'ali
Weinkarte (f)	ღვინის ბარათი	ghvinis barati
Weintrauben (pl)	ყურძენი	qurdzeni
Weizen (m)	ხორბალი	khorbali
Wels (m)	ლოქო	loko
Wermut (m)	ვერმუტი	vermut'i
Whisky (m)	ვისკი	visk'i
Wild (n)	ნანადირევი	nanadirevi
Wodka (m)	არაყი	araqi
Wurst (f)	ძეხვი	dzekhvi
Zahnstocher (m)	კბილსაჩიჩქნი	k'bilsachichkni
Zander (m)	ფარგა	parga
Zimt (m)	დარიჩინი	darichini
Zitrone (f)	ლიმონი	limoni
Zucchini (f)	ყაბაყი	qabaqi
Zucker (m)	შაქარი	shakari
Zunge (f)	ენა	ena
Zwiebel (f)	ხახვი	khakhvi

Georgisch-Deutsch gastronomisches wörterbuch

ავოკადო	avok'ado	Avocado (f)
ალკოჰოლიანი სასმელები	alk'oholiani sasmelebi	Spirituosen (pl)
ალუბალი	alubali	Sauerkirsche (f)
ანანასი	ananasi	Ananas (f)
ანგარიში	angarishi	Rechnung (f)
ანისული	anisuli	Anis (m)
აპერიტივი	ap'erit'ivi	Aperitif (m)
არაჟანი	arazhani	saure Sahne (f)
არაყი	araqi	Wodka (m)
არტიშოკი	art'ishok'i	Artischocke (f)
არყისძირა	arqisdzira	Birkenpilz (m)
ატამი	at'ami	Pfirsich (m)
ატრია	at'ria	Nudeln (pl)
ახლადგამოწურული წვენი	akhladgamots'uruli ts'veni	frisch gepresster Saft (m)
ბადრიჯანი	badrijani	Aubergine (f)
ბალი	bali	Süßkirsche (f)
ბანანი	banani	Banane (f)
ბარდა	barda	Erbse (f)
ბარი	bari	Bar (f)
ბარკალი	bark'ali	Räucherschinken (m)
ბარმენი	barmeni	Barmixer (m)
ბატი	bat'i	Gans (f)
ბეკონი	bek'oni	Schinkenspeck (m)
ბივშტექსი	bivsht'eksi	Beefsteak (n)
ბოკალი	bok'ali	Weinglas (n)
ბოლოკი	bolok'i	Radieschen (n)
ბოსტნეული	bost'neuli	Gemüse (n)
ბოცვერი	botsveri	Kaninchenfleisch (n)
ბრინჯი	brinji	Reis (m)
ბრიუსელის კომბოსტო	briuselis k'ombost'o	Rosenkohl (m)
ბროწეული	brots'euli	Granatapfel (m)
ბუზიხოცია	buzikhotsia	Fliegenpilz (m)
ბულიონი	bulioni	Brühe (f), Bouillon (f)
ბურღული	burghuli	Grütze (f)
ბუტერბროდი	but'erbrodi	belegtes Brot (n)
ბღავანა	bghavana	Täubling (m)
გაამოთ!	gaamot!	Guten Appetit!
გაზიანი	gaziani	mit Gas
გაზირებული	gazirebuli	mit Kohlensäure
გამაგრილებელი სასმელი	gamagrilebeli sasmeli	Erfrischungsgetränk (n)
გამხმარი	gamkhmari	getrocknet
გარგარი	gargari	Aprikose (f)
გარნირი	garniri	Beilage (f)

გასამრჯელო	gasamrjelo	Trinkgeld (n)
გასახსნელი	gasakhsneli	Flaschenöffner (m)
გასახსნელი	gasakhsneli	Dosenöffner (m)
გაყინული	gaqinuli	tiefgekühlt
გემო	gemo	Geschmack (m)
გემო	gemo	Beigeschmack (m)
გემრიელი	gemrieli	lecker
გველთევზა	gveltevza	Aal (m)
გოგრა	gogra	Kürbis (m)
გოჯი	goji	atlantische Lachs (m)
გრეიფრუტი	greiprut'i	Grapefruit (f)
დანა	dana	Messer (n)
დარიჩინი	darichini	Zimt (m)
დაფნის ფოთოლი	dapnis potoli	Lorbeerblatt (n)
დესერტი	desert'i	Nachtisch (m)
დიეტა	diet'a	Diät (f)
ენა	ena	Zunge (f)
ერბო-კვერცხი	erbo-k'vertskhi	Spiegelei (n)
ვაფლი	vapli	Waffeln (pl)
ვაშლი	vashli	Apfel (m)
ვახშამი	vakhshami	Abendessen (n)
ვეგეტარიანელი	veget'arianeli	Vegetarier (m)
ვეგეტარიანული	veget'arianuli	vegetarisch
ვერმუტი	vermut'i	Wermut (m)
ვერხვისძირა	verkhvisdzira	Rotkappe (f)
ვირთევზა	virtevza	Dorsch (m)
ვისკი	visk'i	Whisky (m)
ვიტამინი	vit'amini	Vitamin (n)
ზაფრანა	zaprana	Safran (m)
ზეითუნი	zeituni	Oliven (pl)
ზეითუნის ზეთი	zeitunis zeti	Olivenöl (n)
ზვიგენი	zvigeni	Hai (m)
ზღვის პროდუქტები	zghvis p'rodukt'ebi	Meeresfrüchte (pl)
თავთავი	tavtavi	Ähre (f)
თალგამი	talgami	Rübe (f)
თართი	tarti	Störfleisch (n)
თაფლი	tapli	Honig (m)
თევზი	tevzi	Fisch (m)
თეთრი სოკო	tetri sok'o	Steinpilz (m)
თეთრი ღვინო	tetri ghvino	Weißwein (m)
თეფში	tepshi	Teller (m)
თინუსი	tinusi	Tunfisch (m)
თხილი	tkhili	Haselnuss (f)
ინდაური	indauri	Pute (f)
იოგურტი	iogurt'i	Joghurt (m, f)
ისპანახი	isp'anakhi	Spinat (m)
იხვი	ikhvi	Ente (f)
კაკალი	k'ak'ali	Walnuss (f)
კალმარი	k'almari	Kalmar (m)
კალმახი	k'almakhi	Forelle (f)
კალორია	k'aloria	Kalorie (f)
კამა	k'ama	Dill (m)

კამბალა	k'ambala	Scholle (f)
კანფეტი	k'anpet'i	Bonbon (m, n)
კაპარჭინა	k'ap'arch'ina	Brachse (f)
კარაქი	k'araki	Butter (f)
კარტოფილი	k'art'opili	Kartoffel (f)
კარტოფილის პიურე	k'art'opilis p'iure	Kartoffelpüree (n)
კბილსაჩიჩქნი	k'bilsachichkni	Zahnstocher (m)
კენკრა	k'enk'ra	Beere (f)
კენკრა	k'enk'ra	Beeren (pl)
კერძი	k'erdzi	Gericht (n)
კვერცხები	k'vertskhebi	Eier (pl)
კვერცხი	k'vertskhi	Ei (n)
კვერცხის გული	k'vertskhis guli	Eigelb (n)
კვლიავი	k'vliavi	Kümmel (m)
კიბორჩხალა	k'iborchkhala	Krabbe (f)
კიბოსნაირნი	k'ibosnairni	Krebstiere (pl)
კივი	k'ivi	Kiwi, Kiwifrucht (f)
კიტრი	k'it'ri	Gurke (f)
კობრი	k'obri	Karpfen (m)
კოვზი	k'ovzi	Löffel (m)
კოკტეილი	k'ok't'eili	Cocktail (m)
კომბოსტო	k'ombost'o	Kohl (m)
კომბოსტო ბროკოლი	k'ombost'o brok'oli	Brokkoli (m)
კონიაკი	k'oniak'i	Kognak (m)
კონსერვები	k'onservebi	Konserven (pl)
კოჭა	k'och'a	Ingwer (m)
კრევეტი	k'revet'i	Garnele (f)
კრემი	k'remi	Buttercreme (f)
ლამბაქი	lambaki	Untertasse (f)
ლანგუსტი	langust'i	Languste (f)
ლეღვი	leghvi	Feige (f)
ლიმონათი	limonati	Limonade (f)
ლიმონი	limoni	Zitrone (f)
ლიქიორი	likiori	Likör (m)
ლობიო	lobio	weiße Bohne (f)
ლორი	lori	Schinken (m)
ლოქო	loko	Wels (m)
ლუდი	ludi	Bier (n)
მადა	mada	Appetit (m)
მაიონეზი	maionezi	Mayonnaise (f)
მაკარონი	mak'aroni	Teigwaren (pl)
მანგო	mango	Mango (f)
მანდარინი	mandarini	Mandarine (f)
მარგარინი	margarini	Margarine (f)
მარილი	marili	Salz (n)
მარინადში ჩადებული	marinadshi chadebuli	mariniert
მარმელადი	marmeladi	Marmelade (f)
მარცვალი	martsvali	Getreide (n)
მარცვლეული მცენარე	martsvleuli mtsenare	Getreidepflanzen (pl)
მარწყვი	marts'qvi	Erdbeere (f)
მარწყვი	marts'qvi	Walderdbeere (f)
მაყვალი	maqvali	Brombeere (f)

მდოგვი	mdogvi	Senf (m)
მენიუ	meniu	Speisekarte (f)
მერცხალა სოკო	mertskhala sok'o	Morchel (f)
მზესუმზირის ზეთი	mzesumziris zeti	Sonnenblumenöl (n)
მინერალური წყალი	mineraluri ts'qali	Mineralwasser (n)
მიქლიო	miklio	Pfifferling (m)
მიწის თხილი	mits'is tkhili	Erdnuss (f)
მიხაკი	mikhak'i	Nelke (f)
მლაშე	mlashe	salzig
მოცვი	motsvi	Heidelbeere (f)
მოხარშული	mokharshuli	gekocht
მსხალი	mskhali	Birne (f)
მურაბა	muraba	Konfitüre (f)
მუქი ლუდი	muki ludi	Dunkelbier (n)
მცენარეული ზეთი	mtsenarueli zeti	Pflanzenöl (n)
მწარე	mts'are	bitter
მწვანე ჩაი	mts'vane chai	grüner Tee (m)
მწვანილი	mts'vanili	grünes Gemüse (pl)
ნამცეცი	namtsetsi	Krümel (m)
ნამცხვარი	namtskhvari	Keks (m, n)
ნანადირევი	nanadirevi	Wild (n)
ნაღები	naghebi	Sahne (f)
ნაღებიანი ყავა	naghebiani qava	Cappuccino (m)
ნაყინი	naqini	Eis (n)
ნაჭერი	nach'eri	Scheibchen (n)
ნაჭერი	nach'eri	Stück (n)
ნახშირწყლები	nakhshirts'qlebi	Kohlenhydrat (n)
ნესვი	nesvi	Melone (f)
ნიახური	niakhuri	Sellerie (m)
ნიორი	niori	Knoblauch (m)
ნუში	nushi	Mandel (f)
ომლეტი	omlet'i	Omelett (n)
ორაგული	oraguli	Lachs (m)
ოსპი	osp'i	Linse (f)
ოფიციანტი	opitsiant'i	Kellner (m)
ოფიციანტი	opitsiant'i	Kellnerin (f)
ოხრახუში	okhrakhushi	Petersilie (f)
პალტუსი	p'alt'usi	Heilbutt (m)
პაპაია	p'ap'aia	Papaya (f)
პარკები	p'ark'ebi	Bohnen (pl)
პაშტეტი	p'asht'et'i	Pastete (f)
პილპილი	p'ilp'ili	schwarzer Pfeffer (m)
პირშუშხა	p'irshushkha	Meerrettich (m)
პიცა	p'itsa	Pizza (f)
პომიდორი	p'omidori	Tomate (f)
პუდინგი	p'udingi	Pudding (m)
პური	p'uri	Brot (n)
ჟოლო	zholo	Himbeere (f)
რეცეპტი	retsep't'i	Rezept (n)
რეჰანი	rehani	Basilikum (n)
რომი	romi	Rum (m)
რძე	rdze	Milch (f)

რძიანი ყავა	rdziani qava	Milchkaffee (m)
რძის კოქტეილი	rdzis k'ok't'eili	Milchcocktail (m)
სადილი	sadili	Mittagessen (n)
სადილის კოვზი	sadilis k'ovzi	Esslöffel (m)
საზამთრო	sazamtro	Wassermelone (f)
საკონდიტრო ნაწარმი	sak'ondit'ro nats'armi	Konditorwaren (pl)
სალათი	salati	Kopf Salat (m)
სალათი	salati	Salat (m)
სამზარეულო	samzareulo	Küche (f)
სანელებელი	sanelebeli	Gewürz (n)
სარდინი	sardini	Sardine (f)
სასმელი წყალი	sasmeli ts'qali	Trinkwasser (n)
სატაცური	sat'atsuri	Spargel (m)
საუზმე	sauzme	Frühstück (n)
საუზმეული	sauzmeuli	Vorspeise (f)
საქონლის ხორცი	sakonlis khortsi	Rindfleisch (n)
საღეჭი რეზინი	saghech'i rezini	Kaugummi (m, n)
საჭმელი	sach'meli	Essen (n)
საჭმელი სოკო	sach'meli sok'o	essbarer Pilz (m)
სიმინდი	simindi	Mais (m)
სიმინდი	simindi	Mais (m)
სიმინდის ბურბუშელა	simindis burbushela	Maisflocken (pl)
სკუმბრია	sk'umbria	Makrele (f)
სოია	soia	Sojabohne (f)
სოკო	sok'o	Pilz (m)
სოსისი	sosisi	Würstchen (n)
სოუსი	sousi	Soße (f)
სპაგეტი	sp'aget'i	Spaghetti (pl)
სტაფილო	st'apilo	Karotte (f)
სუნელი	suneli	Gewürz (n)
ტკბილი	t'k'bili	süß
ტკბილღვეზელა	t'k'bilghvezela	Kuchen (m)
ტომატის წვენი	t'omat'is ts'veni	Tomatensaft (m)
ტორტი	t'ort'i	Torte (f)
უალკოჰოლო	ualk'oholo	alkoholfrei
უალკოჰოლო სასმელი	ualk'oholo sasmeli	alkoholfreies Getränk (n)
უგაზო	ugazo	still
ულუფა	ulupa	Portion (f)
ფარგა	parga	Zander (m)
ფარში	parshi	Hackfleisch (n)
ფაფა	papa	Brei (m)
ფეტვი	pet'vi	Hirse (f)
ფინიკი	pinik'i	Dattel (f)
ფინჯანი	pinjani	Tasse (f)
ფორთოხალი	portokhali	Apfelsine (f)
ფორთოხლის წვენი	portokhlis ts'veni	Orangensaft (m)
ფსტა	pst'a	Pistazien (pl)
ფქვილი	pkvili	Mehl (n)
ქათამი	katami	Hühnerfleisch (n)
ქარიყლაპია	kariqlap'ia	Hecht (m)
ქაშაყი	kashaqi	Hering (m)
ქერი	keri	Gerste (f)

ქერქი	kerki	Schale (f)
ქინძი	kindzi	Koriander (m)
ქიშმიში	kishmishi	Rosinen (pl)
ქლიავი	kliavi	Pflaume (f)
ქორჭილა	korch'ila	Barsch (m)
ქოქოსის კაკალი	kokosis k'ak'ali	Kokosnuss (f)
ქუნჟუტი	kunzhut'i	Sesam (m)
ღვეზელი	ghvezeli	Kuchen (m)
ღვინის ბარათი	ghvinis barati	Weinkarte (f)
ღვინო	ghvino	Wein (m)
ღვიძლი	ghvidzli	Leber (f)
ღია ფერის ლუდი	ghia peris ludi	Helles (n)
ღორის ხორცი	ghoris khortsi	Schweinefleisch (n)
ყაბაყი	qabaqi	Zucchini (f)
ყავა	qava	Kaffee (m)
ყვავილოვანი კომბოსტო	qvavilovani k'ombost'o	Blumenkohl (m)
ყველი	qveli	Käse (m)
ყინული	qinuli	Eis (n)
ყინულით	qinulit	mit Eis
ყურძენი	qurdzeni	Weintrauben (pl)
შავი მოცხარი	shavi motskhari	schwarze Johannisbeere (f)
შავი ყავა	shavi qava	schwarzer Kaffee (m)
შავი ჩაი	shavi chai	schwarzer Tee (m)
შამპანური	shamp'anuri	Champagner (m)
შაქარი	shakari	Zucker (m)
შებოლილი	shebolili	geräuchert
შემწვარი	shemts'vari	gebraten
შესქელებული რძე	sheskelebuli rdze	Kondensmilch (f)
შვრია	shvria	Hafer (m)
შიგთავსი	shigtavsi	Füllung (f)
შოკოლადი	shok'oladi	Schokolade (f)
შოკოლადისა	shok'oladisa	Schokoladen-
შტოპორი	sht'op'ori	Korkenzieher (m)
შტოში	sht'oshi	Moosbeere (f)
შხამა	shkhama	Grüner Knollenblätterpilz (m)
შხამიანი სოკო	shkhamiani sok'o	Giftpilz (m)
ჩაი	chai	Tee (m)
ჩაის კოვზი	chais k'ovzi	Teelöffel (m)
ჩანგალი	changali	Gabel (f)
ცივი	tsivi	kalt
ცილა	tsila	Eiweiß (n)
ცილები	tsilebi	Protein (n)
ცხელი	tskheli	heiß
ცხვრის ხორცი	tskhvris khortsi	Hammelfleisch (n)
ცხიმები	tskhimebi	Fett (n)
ძეხვი	dzekhvi	Wurst (f)
ძმარი	dzmari	Essig (m)
წვენი	ts'veni	Saft (m)
წვნიანი	ts'vniani	Suppe (f)
წითელი მოცვი	ts'iteli motsvi	Preiselbeere (f)

წითელი მოცხარი	ts'iteli motskhari	rote Johannisbeere (f)
წითელი ღვინო	ts'iteli ghvino	Rotwein (m)
წიწაკა	ts'its'ak'a	Paprika (m)
წიწაკა	ts'its'ak'a	roter Pfeffer (m)
წიწაკა	ts'its'ak'a	Paprika (m)
წიწიბურა	ts'its'ibura	Buchweizen (m)
წყალი	ts'qali	Wasser (n)
ჭარხალი	ch'arkhali	Rote Bete (f)
ჭვავი	ch'vavi	Roggen (m)
ჭიქა	ch'ika	Wasserglas (n)
ხამანწკა	khamants'k'a	Auster (f)
ხახვი	khakhvi	Zwiebel (f)
ხბოს ხორცი	khbos khortsi	Kalbfleisch (n)
ხიზილალა	khizilala	Kaviar (m)
ხილი	khili	Frucht (f)
ხორბალი	khorbali	Weizen (m)
ხორცი	khortsi	Fleisch (n)
ხსნადი ყავა	khsnadi qava	Pulverkaffee (m)
ხურტკმელი	khurt'k'meli	Stachelbeere (f)
ჯემი	jemi	Marmelade (f)
ჯინი	jini	Gin (m)
ჰამბურგერი	hamburgeri	Hamburger (m)